微时代背景下大学生
法制教育研究

杨 敏　张同修　著

北京工业大学出版社

图书在版编目（CIP）数据

微时代背景下大学生法制教育研究 / 杨敏，张同修
著 . — 北京 ：北京工业大学出版社，2021.5（2022.10 重印）
ISBN 978-7-5639-7963-9

Ⅰ . ①微… Ⅱ . ①杨… ②张… Ⅲ . ①大学生－社会
主义法制－法制教育－研究－中国 Ⅳ . ① D920.4
② G641.5

中国版本图书馆 CIP 数据核字（2021）第 108585 号

微时代背景下大学生法制教育研究
WEISHIDAI BEIJING XIA DAXUESHENG FAZHI JIAOYU YANJIU

著　者：	杨　敏　张同修
责任编辑：	张　娇
封面设计：	知更壹点
出版发行：	北京工业大学出版社
	（北京市朝阳区平乐园 100 号　邮编：100124）
	010-67391722（传真）　bgdcbs@sina.com
经销单位：	全国各地新华书店
承印单位：	三河市元兴印务有限公司
开　　本：	710 毫米×1000 毫米　1/16
印　　张：	9.75
字　　数：	195 千字
版　　次：	2021 年 5 月第 1 版
印　　次：	2022 年 10 月第 2 次印刷
标准书号：	ISBN 978-7-5639-7963-9
定　　价：	60.00 元

作者简介

　　杨敏，女，四川大学法学院在读博士研究生，先后获得文学学士、文学硕士学位，主要研究方向为法律文化、西方文学。

　　张同修，男，四川大学助理研究员，毕业于四川大学，先后获得文学学士、文学硕士学位，主要研究方向为世界文学、教育决策、思想政治教育。

前　言

当今社会已经进入高度信息化的时代，是一个以"微"为标志的时代。随着网络信息化的迅速普及，一系列以"微"为标志的微媒介如微博、微信、微小说、微电影等逐渐渗透到了人们的日常生活当中，为现代生活开启了一个全新的时代，即"微时代"。

在微时代背景下，社会大众群体心理不断发生着变化，大学生作为社会群体中的一分子，所产生的心理变化更为明显，这些变化不断改变大学生的生活方式和学习方式，并进一步影响着他们的思想和观念。在当前的思想政治教育工作中，教育工作者要时时把握新的形势变化，积极应对在教育过程中产生的新问题、新挑战，积极进行新的教育方法和途径探索，把法制教育不断推向深入，弥补原有法制教育中的薄弱环节，不断开创性地进行微时代背景下的大学生法制教育研究和实践。

本书共分为六章。第一章为绪论，主要包括微时代背景下大学生法制教育的研究背景和价值、微时代背景下大学生法制教育的研究现状等内容。第二章为法制教育问题，主要包括法治国家与法制教育、法制教育的相关理论、法制教育的发展现状等内容。第三章为微时代理论概述，主要包括高校法制教育的微时代背景、学校法制教育概述、大学生法制教育的内涵和主要内容、大学生法制教育在微时代的必要性等内容。第四章为微时代大学生法制教育的发展，主要包括改革开放以来大学生法制教育的发展历程、微时代大学生法制教育存在的问题、微时代大学生法制教育面临的机遇与挑战等内容。第五章为微时代背景下大学生思想政治教育与法制教育，主要包括微时代背景下大学生思想政治教育的发展、微时代背景下大学生思想政治教育与法制教育的关系和结合思路、微时代背景下加强大学生法制教育的对策等内容。第六章为微时代大学生道德教育与法制教育一体化建设实效性研究，主要包括大学生道德教育与法制教育一体化建设实效性概述、大学生道德教育与法制教育一体化建设实效性现状、大学生道德教育与法制教育一体化建设实效性影响因素、大学生道德教育与法制教育一体化建设实效性增强路径等内容。

笔者在撰写过程中参考查阅了大量的论文、期刊、著作等文献资料，吸收了许多宝贵经验和建议，获得了有关部门的大力支持和帮助，在此表示诚挚的谢意。由于撰写时间和经验所限，加之笔者能力有限，书中难免存在疏漏之处，烦请读者指出，以便进一步修改和完善。

目 录

第一章 绪 论

在我国，大学生法制教育一直以来都是高校思想政治教育中不可或缺的重要组成部分，是构建社会主义和谐社会的必然要求。为全面推进依法治国，党和国家领导人对当代大学生的综合素质提出了新的要求，对大学生法制教育也作出部署。当代大学生是构建社会主义和谐社会的中坚力量，肩负着振兴中华的历史重任。

第一节　微时代背景下大学生法制教育的研究背景和价值

一、研究背景

大学生法制素养关乎国家法制进程、社会繁荣昌盛、人民安居乐业。从某种意义上说，通过大学生的法制素养就能深刻反映其政治素养，因而迫切需要提升大学生的法制素养进而提升他们的政治素养。大学生的法制素养关乎社会主义法治国家工作大局，大学生法制教育是党和国家开展社会法制宣传教育的重中之重。为加快建设社会主义法治国家，迫切需要强化法制宣传教育工作，从而不断提高我国公民的法制素养。但是，我们现在所处的这个时代是一个网络技术迅猛发展的信息化时代，是一个微博、微信等不断涌现的微时代。与此同时，由于社会利益群体多元化发展，大学生的思想、观念越来越多样化、丰富化，大学生法制教育面临着时代的挑战。因此，在微时代，当务之急就是要强化大学生法制教育。在微时代完善大学生法制教育，是时代进步的需要，是社会主义法治国家建设的需要，更是大学生成长和发展的需要。

二、研究价值

（一）理论意义

微时代背景下大学生法制教育研究，一方面在某种程度上丰富了大学生法制教育的内容，另一方面推动了相关学科的理论发展。大学生法制教育作为思想政治教育体系中不可或缺的一项内容，是构成高校思想政治教育理论的重要组成部分，因而，从某种意义上说，高校思想政治教育理论必将随着法制教育理论的发展而发展，并对诸如教育学、心理学等相关学科的发展起到推动作用。

（二）现实意义

完善大学生法制教育是加快建设社会主义法治国家的迫切需要，是构建社会主义和谐社会的现实需要，是建设中国特色社会主义现代化国家的必然要求，是促进大学生全面发展的客观要求。大学生法制教育研究不仅是维护社会稳定，促进人民安居乐业的需要，更是有效地减少、遏制大学生犯罪行为的重要途径。推行大学生法制教育是培养有利于促进社会发展的复合型人才的客观需要，对于大学生个人而言，这也是其走出校门、进入社会的需要，能够帮助广大大学生树立和形成正确的法制意识和法制观念，有利于大学生形成社会主义法制信仰。总而言之，在微时代完善大学生法制教育的影响重大而且意义深远。

第二节　微时代背景下大学生法制教育的研究现状

一、国外研究现状

西方学术界对法制教育的探索相对比较早。在英国，詹姆斯·哈林顿早在十七世纪就在《"大洋国"和"政治体系"》这本书中阐述了法制概念。法制教育随着教育的广泛深入在英国得到了较大发展。在美国，大学生法制教育带有强烈的政治意识功能，注重对大学生灌输资本主义"自由、民主以及平等"等思想意识，主要介绍美国的政治制度、责任与品德。此外，在大学生法制教育中，美国的教育手段灵活多样，教育者常常引用案例和实物进行教学，使大学生更加积极主动地学习法制知识，提升了大学生的法制素养。在日本，大学生法制教育源于私立法律院校。这类院校根据不同的需求，制定不同的法制教育目标。

二、国内研究现状

在我国党和国家领导人对法制教育的不断重视下，我国掀起了学者研究法制教育的热潮。我国法治化进程不断加快，高校的法制教育也取得了前所未有的成绩。学术界对有关大学生法制教育的方方面面进行了细致透彻的钻研和探讨，概括起来主要有以下几点：第一，大学生法制教育与德育。大多数学者都认同大学生法制教育是德育的重要组成部分，甘肃民族师范学院的李玉德在《浅析大学生法制教育与道德教育的有机结合》一文中认为，法制教育以德育作为基础和前提，法制教育和德育互相影响，相得益彰。但有些学者也提出了不同看法，张宝成认为德育没有涵盖法制教育的相关内容，如果将法制教育看成德育的一个部分的话，就否定了法制教育的地位和重要意义。第二，大学生法制教育的目标。随着法制教育目标的不断变化，大学生法制教育目标也在不断发生变化，最早提出的是"知法守法目标说"，之后相继提出了"法律意识目标说""法律素质目标说""法律信仰目标说"。第三，大学生法制教育对策的相关探索。对于如何进行大学生法制教育，上海理工大学的陈大文、王一冰认为，要加强宪法精神教育，加强法制精神教育以及法制运行理论教育。上述成果为加强大学生法制教育提供了重要参考，但对微时代背景下大学生法制教育的探索相对缺乏，并没有形成一套完整的科学架构，这些都为微时代背景下加强大学生法制教育提供了广阔的研究空间。

第二章　法制教育问题

　　自从有了国家以来，人类一直致力于追寻一种更优的治国方略。几千年来，争论的焦点聚集在"人治"与"法治"两方面。我国有着深厚的"人治"传统，在数千年的封建王朝中，"法"即"律"，"法"即"刑"，是帝王用来统治臣民的"器"。"法制禁令，王者之所不废，而非所以为治也。"然而，无数的历史经验告诉我们，法治或许并不是人类社会最优的秩序安排，但却是人类文明发展至今最合适的社会治理选项。

第一节　法治国家与法制教育

一、法治的主体基础

　　近代以来，建设法治国家逐渐被诸多爱国之士奉为强国之路，君主立宪成为变法维新的主要诉求。梁启超曾说："今世立宪之国家，学者称为法治国。法治国者，谓以法为治之国也。夫世界将来之政治，其有能更微于今日之立宪政治者与否，吾不敢知。籍曰有之，而要不能舍法以为治，则吾所敢断言也。"他还断言：法治主义，为今日救时唯一之主义。然而遗憾的是，变法维新最终失败了，中国的法治进程也因连年战争和社会动荡又推后了一百多年。

　　新中国成立以后，政府废除了国民党统治时期颁布的《六法全书》，开始着手制定社会主义国家的法律制度，特别是 1954 年《中华人民共和国宪法》的颁布实施，标志着中国社会主义法制从"过渡期"转为"成型期"，奠定了新中国民主宪政的基本模式。以 1954 年宪法为依据，国家很快制定了一系列法律法规，从 1954 年到 1957 年的三年间，仅中央政府就颁布了 430 多项重要法规。

改革开放以来，中国的法治进程开始加速发展。首先是立法，加强法律制度建设，把我们探索出的社会主义国家治理的科学经验用制度的形式固定下来，把我们已经形成的社会主义民主建设的成果用制度的形式巩固下来。1978年12月13日，邓小平在中央工作会议闭幕会上所做的主题报告中明确提出："为了保障人民民主，必须加强法制。必须使民主制度化、法律化，使这种制度和法律不因领导人的改变而改变。"他还说："法律条文开始可以粗一点，逐步完善。有的法规地方可以先试搞，然后经过总结提高，制定全国通行的法律。修改补充法律，成熟一条就修改补充一条，不要等待'成套设备'。总之，有比没有好，快搞比慢搞好。"在1980年的中央工作会议上，邓小平再次强调社会主义民主和社会主义法制是不可分的。他说："不要社会主义法制的民主，不要党的领导的民主，不要纪律和秩序的民主，绝不是社会主义民主。相反，这只能使我们的国家再一次陷入无政府状态，使国家更难民主化，使国民经济更难发展，使人民生活更难改善。"在中央的大力推动下，社会主义法制建设进程加快。"国家维护社会主义法制的统一和尊严"写入了《中华人民共和国宪法》，中国的法制建设进入新的发展时期。经过多年的建设，在2011年的"两会"（全国人民代表大会和中国人民政治协商会议）上，时任全国人大常委会委员长的吴邦国宣布："一个立足中国国情和实际、适应改革开放和社会主义现代化建设需要、集中体现党和人民意志的，一个以宪法为统帅，以宪法相关法、民法商法等多个法律部门的法律为主干，由法律、行政法规、地方性法规等多个层次的法律规范构成的中国特色社会主义法律体系已经形成。"

但是，有了法律制度并不等于建立了法治国家。任何一个形态的国家都有可以称之为法律的制度，却并不都可以称为法治国家。法治国家的要义在于法律在国家中的地位，是"依法而治"，而不仅是"以法而治"。在开始大规模进行社会主义法制建设后，我们把法治作为治国的基本方略仍然经过了一段渐进的历史发展过程。1996年3月17日，第八届全国人民代表大会第四次会议正式批准的《国民经济和社会发展"九五"计划和2010年远景目标纲要》中，第一次提出了"依法治国，建设社会主义法治国家"的战略目标。1997年9月，江泽民在党的十五大报告中特别强调要"在坚持四项基本原则的前提下，继续推进政治体制改革，进一步扩大社会主义民主，健全社会主义法制，依法治国，建设社会主义法治国家"，自此正式确立了"建设社会主义法治国家"的治国方略。依法治国是发展社会主义市场经济的客观需要，是社会文明进步的重要标志，是国家长治久安的重要保障。从"法制国家"到"法治国家"，虽然仅一字之差，却是中国共产党人一次伟大的思想变革，反映了中国共产党作为执政党的治国方略质的飞跃，标志着中国不仅要加强法律制度层面的建设，而且要从深层次的执政理念上彻底摒弃"人治"传统，坚定不移地沿着"法治"的道路前进。在 2020 年于北京召开的中央全面依法治国工作会议上确立了习近平法治思想在全面依法治国中的指导地位，这在马克思主义法治理论发展史和中国社会主义法制建设史上具有里程碑的意义。在即将开启全面建设社会主义现代化国家新征程的重要时刻提出习近平法治思想，理由根据充分、时机条件成熟、顺乎党心民意。

如果把目光投向现实社会我们就会看到，国家法律的实施并不尽如人意，立法工作的加强与繁荣，并没有使国家的法治现状如立法者的意愿一般不断进步完善，这导致在实现人权和制约公权的成效上，与我们期待的法治社会尚相距甚远。相反，社会转型期间犯罪率的提高，权力的异化和腐败，有法不依、执法不严甚至执法犯法现象不胜枚举。"纸面上的法"为何没能成为"行动中的法"呢？

关键原因在于人。恩格斯指出，社会发展史却有一点是和自然发展史根本不相同的。在自然界中（如果我们把人对自然界的反作用撇开不谈）全是没有意识的、盲目的动力，这些动力彼此发生作用，而一般规律就表现在这些动力的相互作用中。在所发生的任何事情中，无论在外表上看得出的无数表面的偶然性中，或者在可以证实这些偶然性内部的规律性的最终结果中，都没有任何事情是作为预期的自觉的目的发生的。相反，在社会历史领域内进行活动的，是具有意识的、经过思虑或凭激情行动的、追求某种目的的人；任何事情的发生都不是没有自觉的意图，没有预期的目的的。因而在社会领域内，人的作用是巨大的，甚至是决定性的。无论历史的结局如何，人们总是通过每一个人追求他自己的、自觉预期的目的来创造他们的历史，而这许多按不同方向活动的愿望及其对外部世界的各种各样作用的合力，就是历史。人是社会的主体，是依法治国的主体基础。人既是法律或法治的需要主体，也是法律或法治的运作主体。人是立法者，是执法者，是司法者，也是守法者。法治的进程，在人的主观意志左右之下，或步履维艰、停滞不前，或大步向前、攻坚克难。

公民是否具有合乎法治要求的品质，是法治社会得以实现并维系的关键因素。有着法治品质的公民，从内心中信任法律、尊重法律，并以实际行动践行法律、维护法治。正如伯尔曼所说："确保遵从规则的因素如信任、公正、可靠性的归属感，远比强制力更为重要。"法律只在受到信任，并且因而并不要求强制力制裁的时候，才是有效的。总之，真正能阻止犯罪的乃是守法的传统，这种传统植根于一种深切而热烈的信念之中，那就是，法律不仅是世俗政策的工具，而且是生活终极目的和意义的一部分。如果缺少这种法律信仰，缺少这样的法治品质，法治制度不可能由纸面的法律变为人们内在的价值追求和自觉的行为模式。如果一个国家的人民缺乏一种赋予这些制度以真实生命力的广泛的现代心理基础，如果执行和运用着这些现代制度的人，自身还没有从心理、思想、态度和行为方式上都经历一个向现代化的转变，失败和畸形发展的悲剧结局是不可避免的。而在中国这片土地上，现代法治制度是随着西方列强用大炮打开中国的大门而一并被送进来的。中国正在建设的法治国家，是政府主导、由上而下建设的后发型法治国家，这与西方在近 400 年来伴随着市民社会的兴起而形成的法治文化的基础上所建立的原发型法治国家截然不同。在中国人的心目中，守法是因为"惧刑"，国家缺乏法治文化，社会缺乏法治精神，公民缺乏法治品质，这就导致了法治国家建设遭遇到现实的困境。在一定意义上，法律不仅仅是一种制度、一种秩序和一种统治工具，同时，它们也代表了一种精神价值，一种在久远的历史中逐渐形成的传统。问题在于，这恰好不是我们的传统。这里它不但没有融入我们的历史、我们的经验，反倒常常与我们固有的文化价值相悖，与我们五千年来一贯遵行的价值相悖，与我们传统的文化格格不入，于是，当我们最后不得不接受这套法律制度的时候，立即就陷入无可解脱的精神困境里面。只有从人的思想入手，在人们的思想中深深地植入对法的信任和对法治的希冀，并使这种思想转化为人的品质，外化为人的自觉行动，法才能真正发挥作用，中国的法治进程才能真正实现。

因此，在解决了如何治国（依法治国）、建设什么样的国家（社会主义法治国家）、用什么样的制度治理国家（中国特色社会主义法律体系）之后，建构法治国家所需要的主体基础、培养具有法治精神的公民，就成了我国法制建设历史进程中最艰难、最复杂，也是最关键、最漫长的一个环节。

二、法治与教育

如何培养法治社会所需要的公民？答案是教育。通过教育，可以转变人的思想，提高人的素质，塑造人的品质。法治是一种社会的治理模式，但是，这种治理模式的实现不是无条件的，而是建立在一系列前提条件基础之上的，其中一项基本的条件就是在这种治理模式之下的人要符合法治的要求。这离不开以人为对象，以促进人的发展为目的的教育活动。

美国教育家杜威认为，对于促进国际和平、维护国内经济安全、利用政治手段来推进自由平等的世界性的民主事业来说，人的态度和努力是这一切的战略中心。凡是从这个前提出发的人，都有责任看到教育在培养这种习惯和态度从而使之有能力满怀热情地追求和平、民主和经济稳定上的根本的重要性。杜威在这里所强调的是教育对民主发展的价值，对于法治而言，人的态度和努力也是决定性的因素。教育是社会传递知识的一种手段，是培养人、提高人的素质的一种社会实践活动，它不仅是促进社会生产的一种方式，而且是造就全面发展的人的唯一方法。加强社会主义法治建设的根本问题是人的问题，法治的理想只有通过适当而有效的教育——法制教育才能够实现。

第一，法治之所以需要教育，是因为人们对于法治的认识不是与生俱来的。一般而言，人们的行动都是建立在有关行动的知识基础上的。同样，要想建设一个法治社会，人们就必须具有健全的"法治"观念。然而，人们生来是不具备这种观念的。可以说，人们生来对于"法治"是无所知的。合格的民主公民需要由教育尤其是学校教育而产生，这是人们的共识，合格的法治公民同样需要由教育而产生。因此，要想使人们真正成为法制建设的主体，就必须通过教育的渠道，使他们掌握有关法治的基础知识和技能，并使他们在丰富多彩的法治实践中形成对待法治的态度和运用法治的能力。离开了教育，就不会有法治公民的诞生，也就不会有大规模的法治实践。那种以为法制建设只是法律界的事的观点是根本错误的。在法制建设中，任何对教育的漠视最终只会导致人们对法治的无知或偏见，并最终导致人们对法治的厌倦或失望。

我国由于受到传统法律文化的长期影响，人们对于法治的知识了解不多，人们拥有的最多是一些关于"法"的知识，而称不上是"法治"知识。在中国漫长的封建社会时期，法律一向是精英阶层掌握的工具，分布于中国城市和村庄的学堂、私塾，教授的只是儒家经典和经世之学，宣扬的是道德教化和伦理观念。统治者只将法律公之于众，就算是进行了法律普及，根本谈不上法制教育。近代以来，西方法治思想慢慢传入中国，一些大学也开设了法学专业。但能接受正规系统的法学教育的人毕竟是极少数，受到法治思想启蒙的人也是少数，法治只是众多救国之途中的一条，法治的影响范围和影响力十分有限。对处在水深火热之中的普罗大众而言，首要的是生存问题，对于法治，他们无暇关心也无从了解。新中国成立后，为了加强社会主义法治建设，政府开展了大规模的法治宣传活动，实际上就是为了让人们多掌握一点有关法律的知识。新时期要建设社会主义法治国家，就更需要加强法治教育，通过教育把法治的观念移入人们的头脑之中，没有基本的法治观念，就无法成为一个合格的法治社会的公民。

第二，法治需要教育，还因为法治具有多样性。法治在不同的历史时期与不同国家的政治制度相结合产生了不同的发展模式，具有多样性。从法系来看，主要有大陆法系的法治模式、英美法系的法治模式、中华法系的法治模式；从社会形态来看，主要有古希腊城邦式法治模式、资本主义国家法治模式、社会主义国家法治模式；从价值取向来看，主要有形式正义的法治模式、实质正义的法治模式、全面正义的法治模式。这些不同的模式与各国的法治实践相结合，又呈现丰富多彩的形态，如伦理型法治模式、社会优位型法治模式、自由主义法治模式、宪政主义法治模式、政府主导型法治模式等，不一而足。多样性的事实，一方面为任何一个国家的法制建设提供了丰富的思想资源和实践经验；另一方面也向特殊社会历史背景下的法治实践提出了挑战。到底采取哪一种法治模式比较符合本国的政治、经济、文化传统以及人民的愿望？无论是充分学习和利用多样化的法制建设经验，还是综合创新寻找适合于本土社会的法治模式，都离不开教育。只有教育才能超越狭隘的政治世界和国别禁锢，将法治的多样性和丰富性展现在人们眼前，引导人们深入地分析、理解和批判不同的法治模式背后的社会基础，从而为他们成为成熟的和理智的法治社会公民打好基础。

第三，法治需要教育的原因还包括法治自身的局限性。法治作为人类的一项政治制度设计，并不是万能的，而有其自身的局限性。作为一种治国方法，法治本身只是一个相对的"善"。正如美国法学家博登海默所说："尽管法律是一种必不可少的具有高度助益的社会生活制度，但是，它像其他大多数人定制度一样也存在一些弊端。如果我们对这些弊端不给予足够的重视或者完全视而不见，那么它们就会发展为严重的操作困难。"这种局限性主要体现在以下几方面。一是法律调整范围的局限性。法律作为具有强制约束力的行为规范体系，其能够调整的只能是人们的"行为"，而对于人们的思想、认识、信仰、情感领域，则不能用法律进行调整。正如马克思所说，对于法律来说，除了我的行为以外，我是根本不存在的，我根本不是法律的对象。我的行为就是法律在处置我时所应依据的唯一的东西，即使在对行为的规范上，法律也不是都可以或者应当干预的，法律只能适用于公共领域，而不能适用于私人领域。正如英国哲学家约翰·穆勒所言："任何人的行为，只有涉及他人的那部分，才须对社会负责。在仅仅涉及本人的那部分，他的独立性在权利上是绝对的。对于本人自己，对于他自己的身和心，个人乃是最高主权者。"二是法律制度的局限性。由于法律总是反映立法时人们对社会生活的认识和对未来社会的预期，因而在社会变化快于人们认识的发展时，法律就会出现滞后。博登海默称之为

"时滞"。这一方面表现为，对于新出现的问题，现有法律没有相应的调整规定，此时就需要依靠人们心中的法治精神和掌握的法治原则来自觉调整。另一方面表现为，法律相对于社会发展来说，倾向于僵化和保守，成为社会进步和改革的羁绊，此时就需要对法律进行修正。三是法治实施的局限性。法治以国家强制力为保障，但问题在于，这也容易造成对国家力量的依赖，尤其当这种强制力一旦被权力所滥用，被利益偏私或者意志任性所左右，那么法律就很可能成为维护私利和强权，悖于公理与正义的邪恶工具，成为个别主体用以压制他人自由和正当权益的手段。因此，人们必须时刻怀着审慎的眼光审视法律的实施，防止国家力量借用法治的名义肆意扩张，让法制在法治的框架之下健康运行。而要帮助人们深刻地认识法治的种种局限性，不通过教育是根本不可能的。教育可以培养人们对于法治的理性态度。

三、大学生与未来中国法治建设

早在古希腊，柏拉图就曾有过这样的论述："真正的立法家不应当把力气花在法律和宪法方面做这一类的事情，不论是在政治秩序不好的国家还是在政治秩序良好的国家；因为在政治秩序不良的国家里法律和宪法是无济于事的，而在秩序良好的国家里法律和宪法有的不难设计出来，有的则可以从前人的法律条例中很方便地引申出来。"有远见的统治者应当把目光聚焦于人，因为立法的是人，执法的是人，守法的是人，在法治被破坏时，要修复和重建法治依靠的仍然是人。对于人的培养，尤其是对于青年人的培养，比一切其他工作都来得重要。柏拉图举例说："如果孩子们从一开始做游戏起就能借助于音乐养成遵守法律的精神，而这种守法精神又反过来反对不法的娱乐，那么这种守法精神就会处处支配着孩子们的行为，使他们健康成长。一旦国家发生什么变革，他们就会起而恢复固有的秩序。"

理论上，全社会所有公民都应当接受法制教育，但在全体公民中，有一些人群现在正在或将来要在社会主义法治进程中承担重要使命，他们的法治素养对法治建设进程的影响更为直接而深刻，因此在法制教育中，应当对其投入更多的关注，大学生就是这样一个群体。

首先，大学生是未来立法者的主体。实行法治，首先要有法可依，立法者的法治品质，直接影响到立法的质量。我国实行人民代表大会制度，全国人民代表大会和全国人民代表大会常务委员会行使国家立法权，各级人民代表大会及其常务委员会行使地方立法权。人大代表是一种职务，这就要求人大代表必须具有一定的履行职务的能力和素质,与现代知识社会的发展趋势和人大制度的不断完善相适应。当前人大代表的文化层次越来越高,近年来,全国人大代表中具有高等学历的比例持续上升。这表明,大学生将成为未来立法者的主要组成部分,加强大学生法制教育,就是在培养高素质的立法者,就是在为提高我国的立法质量打基础。

其次,未来的执法者和司法者将在大学生中产生。法治的核心是治官、治吏、治政府,法治之要,要在吏治。执法者和司法者对待法治的态度和实践法治的情况,直接影响到人民群众对于法治的信任程度,关系到法治建设的进程。如果执法者和司法者缺少法治品质,则法治的实现只能是一句空话,因为"官吏是会说话的法律,而法律是沉默的官吏"。根据《中华人民共和国公务员法》,录用担任主任科员以下及其他相当职务层次的非领导职务公务员,采取公开考试的办法,国家和地方公务员报考标准之一就是具有大专以上文化程度。也就是说,未来的公务员都将在现在的大学生中产生,加强大学生法制教育,就是在培养能够依法行政、依法执法、执政为民、执法为民的未来公务员队伍。

最后,大学生的法治素养在一定程度上代表着未来中国公民的法治素养。当前,我国高等教育已经进入大众化阶段,2020年高等教育毛入学率已达到54.4%,在校大学生的法治意识和法治素养,在一定程度上就代表着未来公民的法治意识和法治素养。大学生是未来各行各业的高层次人才,是中国未来的中流砥柱,影响着未来社会的发展方向和发展进程。通过法制教育,使大学生树立和形成良好的法治意识和法治素养,将成为他们未来自觉实践法治行为的先决条件,这又将成为国家法治进程积极有力的推动力量。从这个意义上说,成功地实现对大学生的法制教育,是在培养具有法治精神的未来社会的中坚力量,而未来能否推动法治、实现法治并维护法治,主要依靠的也正是这支力量。因而,加强大学生法制教育,培养大学生法治素养,是加速推进我国法治进程的必然要求。

此外,对大学生进行法制教育也具有现实可能性。一方面,大学生有接受法制教育的条件和基础。一是大学生自身具备了一定的认知水平、经验储备和教育潜能。人的文化水平的高低标志着其对教育内容的接受能力强弱,也影响着人的态度和价值观念。大学生具有较高的文化水平和较强的学习能力,生理和心理都日臻成熟,世界观、人生观、价值观基本形成,社会意识初步形成,这些都是法制教育开展的有利条件。二是大学教育的特点有利于法制教育。大学教育与中小学教育不同,没有了升学指挥棒的引导,能够避免偏狭的知识化的法制教育。大学注重人的精神的发展,倡导学术自由的风气,校园环境开放民主，这些都是法治精神生发的土壤。另一方面，大学生有接受法制教育的现实需求。大学生处于自我意识的迅速发展期，权利意识增强，有着强烈的维护个人权利、个人自由、个人隐私的意愿。大学生处在一个集体生活的环境之中，学校不仅是学习的场所，也是生活的空间。这些自我意识强烈、个性特征鲜明的大学生天天生活在一起，不可避免地产生冲突和矛盾，需要一种科学先进的价值观念来指导他们消弭这些矛盾冲突，达到人际的和谐。大学与中小学不同，教师不再是包办一切的管理者，而是倡导学生进行自我管理、自我教育。学生干部既需要靠个人魅力，更需要靠智慧来进行管理，这就需要一种能够被广大学生普遍认同的管理理念和一套管理模式。法制教育正为此提供了方法和价值的支撑。另外，大学阶段是学生从"学校人"向"社会人"转变的最后阶段，而法制教育正是帮助大学生适应法治社会，完成个体社会化进程的不可缺少的重要环节。

第二节　法制教育的相关理论

一、法制的概念

法制是与政治制度、经济制度、文化制度、军事制度等社会制度相对应的概念。"法制"一词，在我国古代的典籍中就已经出现"命有司，修法制"（《礼记·月令篇》）。春秋战国时期的法家认为，明主治国应该"明法制，走私恩"。《法学辞海》对法制给出了两种解释：一是法和制度；二是依法管理的法律化和制度化的国家事务的一种方式。《法学大辞典》解释相近：一是法律制度；二是一定民主政治的法律化。可见，法制并无固定的概念，目前大体上指以下两种解释：从静态的角度上看，法制是法律制度的总称，即统治阶级通过国家政权确立的法律和制度，是国家必备的统治工具；从动态的角度上看，法制是一种管理方式，集立法、执法、司法、守法和法律监督为一体。可见，法制是个广泛的概念，对之做综合考察，法制内涵可界定为，法制是一国法律制度的总称，它包括立法、执法、司法、法律监督的原则制度、程序和过程。

为准确把握法制教育内涵，我们还必须将"法制"与相近概念"法治"进行比较分析。法制属于民主政治范畴，它与专制根本对立，它是一个古老而常新的话题。法治即法律在国家与社会生活中被作为行为基准，享有绝对权威，所有主体都应恪守法律，法律面前人人平等，不存在超越法律之上的特权。古希腊思想家亚里士多德极力主张法治，认为法治优于人治，并将法治与民主政治制度直接联系起来，认为判定法治的标准有两方面：普遍守法和良法。后来西方的思想家对之做了丰富和发展。我国古代先秦时期，就有"法治"与"人治"之争，儒家主张人治（或礼治、德治），法家主张法治。但是，法家将法治单纯地作为维护君主统治的手段和工具，主张"严刑峻法"，而不论法的良与恶，其实质是为了维护和强化王权的专制主义的人治，从根本上违背了现代法治的精神，并不是现代意义上的法治。

法制与法治的关系如何？法制与法治是两个既相互联系，又相互区别的概念。二者作为上层建筑的构成部分，都是一定社会经济基础的产物，并共同服务于一定的经济基础。法制与法治的紧密联系主要表现在以下方面。

首先，法制是法治的前提条件，一国没有法律和制度，就无法可依，法治就丧失了依据和基础。

其次，法治促进法制的健全和完善。法治要求能反映社会公平正义的、良好而又体系完备的法律制度产生，能促使法制的完善。

最后，当法制被界定为严格依法办事，依法进行管理的时候，同法治含义相近。

虽然我国已经脱离了传统的专制社会，对理论的认识也从"法制"迈入"法治"时代，但由于传统习惯的影响，在许多场合，常以"法制"代替"法治"，因此在理解普法教育中的法制时，不能仅仅局限于它是一种静态的法律制度规范，更应该包括动态的法律的治理过程——法治。

二、高校法制教育的理论基础

马克思主义经典作家和中共历代领导人给我们带来了科学的世界观和方法论，同时，他们对于法律的产生、发展和消亡，对于中国社会主义法制建设和法制教育等诸方面有科学、系统的论述。这些法制教育思想既是高校法制教育的理论基础，又对提升教育有效性具有重要的指导意义。

（一）马克思主义经典作家对法制教育的理论贡献

1. 马克思与恩格斯对法制教育的理论贡献

（1）马克思与恩格斯的法律观

马克思与恩格斯科学阐释了法的起源、属性等理论，阐明了法制教育的本源性问题，确保我国法制教育不至于走向歧途，发挥了"正本清源"的重要功能。

关于法的起源，历来各学派争论不休，产生了"神权论""父权论""暴力论""社会契约论""民族精神论""精神论"等学说。这些论点的共同之处是认为法在人类进入阶级社会、形成国家前就已经存在，这显然是不科学的。马克思与恩格斯从历史唯物主义角度对法的起源做了科学、系统的论述：法不是从来就有的，它是伴随着私有制和阶级的出现而产生的，是私有制和阶级矛盾不可调和的产物。法的起源的逻辑顺序是，在原始社会，并没有法律和私有财产；随着生产力的进步，产生了社会分工；伴随着社会分工，出现社会产品分配不平等的情况，导致私有制的产生；随着私有制的产生，出现了"私人利益"与普遍的公共利益的冲突；对这些矛盾和冲突的干涉和约束，就需要外部的、具有强制性的规则进行干预，法律由此产生。准确掌握法律起源这一本源性问题对当前的法制教育具有"正本清源"的重要意义。

关于法律的属性，马克思主义认为，法的属性包括两方面的内容，即阶级性和社会性，抛开社会性而只论阶级性或抛开阶级性而只论社会性均具有片面性。

首先，阶级性是法的本质属性。在《德意志意识形态》中，马克思与恩格斯对之做了详细阐释。其包括三层含义。第一，法律是统治阶级意志的体现，这种意志是由统治阶级的物质生活条件所决定的。法律制度的产生要以生产关系为基础，并且也受这种关系的制约。第二，法律是统治阶级共同意志的体现，不是某些人的主观任意。第三，并非所有统治阶级的意志都能成为法律，只有上升为国家意志的才是法律。

其次，关于法律的社会属性。马克思主义认为人的本质是现实性，是一切社会关系的总和。社会性是人的本质属性。人是生活在现实中的，为了生存，人需要在一定的社会关系中进行一定的物质资料生产，也因为这种生产关系，导致了人劳动而又有不同的收获。个人总是并且也不可能不是从自己本身出发的。由于动机、目的、手段等的不同，个体在追求自身利益的时候，矛盾和冲突不可避免。为了实现利益的最大化和损失的最小化，这时处于同一阶层的人们会自发形成本群体的"共同利益"。在处理这种共同利益关系的过程中，会出现两种情形及其处理方式：情形一，统治阶级的共同利益具有一致性，通过法律的形式把共同利益和个人利益予以肯定；情形二，当统治阶级的共同利益与本阶级的个人利益或被统治阶级的利益存在不一致时，会通过法律对共同利益予以确认，并要求所有阶级的个人利益为之做出"自我舍弃"。当矛盾较小的时候，这种矛盾会在法律范围内调整；当矛盾较大的时候，会出现大规模的利益冲突。基于马克思主义关于人的本质属性是社会性的认识，作为调整人类行为规范的法律，也就自然具有社会性。当前，在社会主义民主法制建设进程中，法律的阶级属性会有所减弱，而社会属性会不断增强。可见法律的社会属性对于今天正确理解法律和准确认识法制教育目标具有积极意义。

关于法律的消亡，马克思主义立足于唯物主义的基础上，对之做出了科学论断，即当阶级差别存在的基础消失了，当国家作为统治工具不复存在的时候，法律也就应该消亡了。马克思主义还预测了法律消亡的时期，即社会发展到共产主义的高级阶段。因为发展至共产主义社会的高级阶段，社会分工的情形消失，劳动不仅仅是谋生的需要，而且成了生活的第一需要，随着人的全面发展，生产力也增长起来，而出现社会财富的极大丰富。

（2）马克思主义相关理论对法制教育有效性的价值

马克思与恩格斯不但创立了马克思主义理论，同时也是马克思主义理论的宣传者和实践者，是无产阶级思想教育的实践者。在丰富的思想教育实践中，马克思与恩格斯对如何更有效地发挥教育对思想观念的作用予以广泛论述，为我们准确把握高校法制教育的效能、对高校法制教育的科学定位、深刻认识教育对象及其思想变化的趋向、全面把握影响高校法制教育的因素及其实现途径、探寻有效的高校法制教育方式等方面提供了正确的理论指导。

在《共产主义者和卡尔·海因岑》一文中，恩格斯剖析了海因岑所进行的宣传工作的效果，并进一步揭示了宣传教育的方式方法与宣传教育的效果之间的内在联系。他认为利用散发宣传单的方式进行的"毫无意义的、盲目进行的"活动是不可能取得成效的。恩格斯同时指出，宣传工作取得成效，需要目标明确、理论联系实际，要循循善诱式地宣传。恩格斯分析了因海因岑的宣传方式的缺陷而造成的思想宣传工作的低效问题，并从普遍性上揭示了宣传教育的效果与宣传手段的关系问题。此外，恩格斯论述了党的思想理论教育者的基本素质问题，他认为党的政论家需要更多智慧，思想要更加明确，风格要更好一些，知识也要更丰富一些。在此，恩格斯通过对海因岑的评判，揭示了思想教育者应当具备的理论素质问题。1891年，恩格斯在《雇佣劳动与资本》的导言中，谈到了用于宣传著作的文字表述要求的问题。在《给奥·倍倍尔、威·李卜克内西、威·白拉克等人的通告信》中，马克思与恩格斯论述了有效思想教育，对无产阶级有益处的真正的教育者、真正的实际教育材料的要求相关问题。这些论述直接表达了马克思与恩格斯关于思想教育、宣传有效性的相关思想，是我们在新时期深入研究高校法制教育有效性问题的直接理论依据。

对于法制教育有效性问题，马克思与恩格斯最大的理论贡献在于，他们创立的科学世界观和辩证唯物主义方法论，为我们进行法制教育有效性研究及规律的探究提供了科学而坚实的理论依据。马克思主义理论关于社会存在和社会意识间的决定与被决定、作用与被作用、反映与被反映关系的理论，以及关于人的思想意识与人的实践活动、环境、物质利益等关系的理论，尤其是马克思关于人的本质、人的主体性、人的需要、人的全面发展理论，更为法制教育有效性提供了直接的指导。

人的全面发展是马克思与恩格斯一以贯之的思想，也是高校法制教育的根本目的。这一观点马克思在《德意志意识形态》中正式提出，后又在许多著作中阐述，包含了德、智、体、美等方面的全面而协调的发展。他指出人的全面发展内容广泛，包含了满足需要、提高能力、有丰富的社会关系、发挥个性自由等方面，也即人应当是全面的、自由的、和谐的发展。马克思还提出人的需要是人的本性，人对外部的需要反映了人的本质。针对能力发展问题，马克思指出任何人的职能、使命、任务就是全面地发展自己的一切能力，其中包括思维能力。恩格斯也强调每个人都无可争辩地有权发展自己的才能。针对个性全面发展的问题，马克思指出个性的自由发展是一切人自由发展的条件。个性的自由发展是人的全面发展的重要内容和根本标志。关于人的主体性，马克思强调"人始终是主体"，人在创造历史的活动中具有能动性、创造性和自主性。他坚持把人当作主体，绝对承认人格原则，反对将人看作一种"工具"。马克思还精辟地指出人要全面发展，应当将生产劳动与智育、体育相结合。人的全面发展是社会发展的根本问题，马克思主义科学阐释了人的全面发展理论，为做好高校法律教育，科学、有效育人提供了前提和基础。

以上论述，直接表达了马克思主义理论对法制教育有效的价值，是我们在新时期进一步深入研究高校法制教育有效性的直接理论依据。

2.列宁对法制教育的理论贡献

（1）列宁的法制思想

作为社会主义国家的缔造者和法制实践的开创者，列宁的法制思想丰富而且系统。其对依法治国、立法、执法、守法和法律的监督等方面做了精辟的论述。

列宁重视民主法制的作用，指出民主法制是国家建设的基础，社会建设必须依法而行。法制对社会主义民主具有保障作用，也是政治、经济、文化和教育行为的依据。法律是无产阶级专政的工具，对于那些侵犯人民民主权利的违法犯罪行为，法律应当予以严厉制裁。

列宁重视立法工作。他认为只有创立出法律制度，才能有法可依。他参与起草了《土地法令》和《和平法令》，并领导了苏维埃政权的两部宪法、刑法典、民法典等基本法的制定工作，为苏维埃俄国的法制建设打下了坚实的基础。在领导苏维埃法制创建的过程中，列宁形成了丰富的立法指导思想，其在今天仍然具有重要指导意义。第一，对执政党与法律的关系做了明确的界定。党的主张必须通过国家意志才能上升为法律，国家高于各政党，政党不能取代国家。第二，强调民主立法原则。立法应体现人民的意志，人民通过自己的代表制定法律、执行法律和监督法律。第三，主张法律应与时俱进。法律应当随着社会经济、政治、文化等的发展需要，而及时地废、改、立。第四，立法应当批判地继承人类优秀的文化遗产，既不能拒绝吸收，也不能照抄照搬。第五，立法要注意法制的统一，防止法出多门，应设置专门的立法机构。

列宁对社会主义国家法制建设的实践，并不是仅限于对法律的制定上，他还强调严格执法和守法。他认为，制定法律仅仅是开始，法律实施才是关键，认同"只有法律是不够的"。他提出，应该把法制作为一切国家机关和组织活动的最高准则。针对党员守法的问题，他指出，法庭对共产党员的惩处必须严于非党员，因为党员犯罪的社会危害和消极影响会更大。列宁还强调共产党员应模范地遵守法律，把个人的一切行为置于宪法和法律的框架下，法制建设才能得到健康的发展。

列宁还重视法律监督对法制建设的重要作用。监督是法律顺利实施的关键。在《新工厂法》中，列宁论证了监督的必要性，并且鼓励工人积极参与监督。对于如何创建法律监督体系，列宁认为需要做好以下方面。其一，应当明确检察机关作为专门的监督机关，其根本任务是维护法律的权威。其二，要发挥苏维埃政府的作用，尤其是苏维埃代表在法律监督和执行中的作用。列宁对苏维埃国家法制建设的探索，开创了社会主义国家法制建设的先河，为苏联和其他社会主义国家的法制建设打下深厚的理论基础，对我国当前高校法制教育仍然具有借鉴和指导意义。

（2）列宁思想政治教育理论对法制教育有效性的价值

其一，列宁提出了思想政治教育及其方法，对法制教育具有指导意义。列宁是马克思主义的继承者、实践者和发展者，他在领导俄国社会主义革命与建设的实践中，将马克思主义关于社会主义的学说从科学转变为实践，在坚持马克思主义的基础上，又创造性地丰富和发展了马克思主义。列宁在坚持马克思主义关于无产阶级政党思想政治教育密切相关的基本理论基础上，明确提出了"政治教育""政治教育工作"的概念。列宁还建立了无产阶级政党的思想政治教育工作机构，进行了富有成效的思想政治教育实践，并构建了系统的思想政治教育理论，对教育的有效性问题进行了系统阐述。需要注意的是，他提出的"政治教育"是广义的思想教育，包含了法制教育内容，将法制教育的性质予以明确界定。

根据马克思主义的社会存在与社会意识关系的原理，列宁强调马克思主义教育和共产主义教育必须与教育对象所处的社会条件相一致。他认为，在大工业最发达的条件下，工人阶级领会马克思主义最容易、最迅速、最完整、最扎实。他还认为，现实生活和革命实践在个体意识形成过程中具有重要作用，联系实际是思想政治教育取得成绩的重要条件，思想政治教育中的联系实际是工作中主要的和基本的内容，也是取得成绩的必要条件。列宁还系统阐述了"灌输理论"，在严肃批评自发论思想的基础上，他强调社会主义意识必须灌输的理论，强调无产阶级政治意识只能从外面灌输给工人。

其二，列宁阐释了思想政治教育要素与教育效能关系，对提升法制教育有效性具有借鉴指导意义。

列宁不但提出了思想政治教育概念，还阐述了教育者、教育对象、教育内容、教育方法等因素与教育有效性的关系。关于教育者，列宁认为其应具备更高的政治素质，掌握党的思想理论，并能有效贯彻。同时，作为思想政治教育者，其还应具备充足的知识储备和实践能力，并能不断提升。列宁还非常重视思想理论教育者的综合素质，特别强调了教育者的教育实践能力的作用。关于教育对象，他认为教育对象的肯定情感是教育对象追求和有效接纳思想理论教育内容的驱动力，没有这种情感就不会追求真理。关于教育内容，列宁指出了有效教育对教育内容科学性的要求。他说，马克思主义能够掌握最革命阶级诸多人员的心灵，只因为它的科学性。可见，列宁自觉地将马克思主义基本原理创造性地运用到了思想政治教育的相关实践中，并提出了思想政治教育的相关理论，形成了较为系统的思想政治教育有效性理论，对法制教育及其有效性具有借鉴和指导意义。

列宁不但对社会主义法制内涵有深刻而全面的论述，而且其关于思想政治教育内容及方法、教育要素与教育效能的论述，是自觉将马克思主义基本理论创造性地运用到教育实践的结果，标志着马克思主义思想理论教育及其有效性的具体化，对法制教育具有启示意义。

（二）我国不同时期领导人对法制教育的有关论述

从领导中国革命斗争开始，中国共产党领导人一直持续不断地对中国法制建设进行实践和探索，并确立了依法治国的治国方略，构筑了中国特色社会主义法律体系，持续重视法制教育。在领导中国法制建设的过程中，中国共产党领导人形成了丰富的法治理论及教育思想，这些理论构成了本书法制教育的逻辑起点和思想基础。

1. 毛泽东法制教育思想

作为新中国的开创者，毛泽东的相关思想理论对我国法治实践具有奠基作用。因此，我们要从广泛的层面考察毛泽东的法制教育思想，不但要考察其对宪法、婚姻法、刑法等法律的论述，还要考察其哲学观、价值观等抽象的、理性的思想。

其一，提出了人民民主专政理论并将其确定为我国的国体，指明了我国法制教育的价值诉求。在革命领导时期，毛泽东就开始了对国体的探索，其在1940年1月发表的《新民主主义论》中总结出，国体就是国家政权的阶级性质，是阶级社会各阶级在国家中的地位。在新中国成立前夕，毛泽东在《论人民民主专政》中指出人民民主专政是在人民内部实行民主，对敌人实行专政，二者互相结合。它是中国特色社会主义理论体系的重要组成部分，也是社会主义国家的本质特征，对我国法律制度的形成和发展具有重要指导意义。1957年，毛泽东在《关于正确处理人民内部矛盾的问题》中对民主集中制进行了分析，认为民主自由都是相对的，不是绝对的，都是在历史上发生和发展的。二者是一个统一体矛盾的两个方面，既矛盾又统一，不能强调一面而否定另一面。在人民内部，应当坚持民主和集中的统一，自由和纪律的统一。在这里，毛泽东阐述了社会主义民主集中制的内涵，也更加明确地阐述了我国法制教育的根本价值诉求：既要保障公民享受广泛的民主和自由，又要保障民主和自由的有序性。人民民主专政的国体，既是我国法制建设的基石，也是法制教育的根本出发点。

其二，高度重视社会主义法律体系的构建，强调了社会主义法制教育的鲜明的阶级属性。创立社会主义法律制度，就必须摧毁旧的传统。毛泽东早在1927年的《湖南农民运动考察报告》中就指出，革命不仅要打土豪，将权力给农会，还要"旁及各种宗法制度"。在井冈山根据地，毛泽东领导了《井冈山土地法》等的制定工作。在抗日战争和解放战争时期，毛泽东领导广大军民制定了一系列的法规。随着中国革命走向胜利，中共中央发布了《中共中央关于废除国民党的六法全书与确定解放区的司法原则的指示》，对法律的适用做出明确规定：在新的法律出台以前，司法工作要以党的政策、政府和人民解放军发布的各种纲领、法律、决议和条例为依据，不再适用国民党的"六法全书"。这标志着国民党法律体系在大陆的终结，新中国立法大幕的全面开启。

伴随着新中国的成立，中国社会主义建设事业进入了新时期，在毛泽东的领导下，中国进行了大量的法制实践和探索。毛泽东领导制定了新中国第一部宪法——1954 年《中华人民共和国宪法》，以此宪法为基础，还诞生了《中华人民共和国全国人民代表大会组织法》《中华人民共和国国务院组织法》《中华人民共和国人民法院组织法》等。1956 年的中共八大将"系统制定比较完备的法律，健全我们国家的法制"作为国家的迫切任务。毛泽东指出不仅要刑法，也要民法，不仅要制定法律，还要编写案例，并在《工作方法六十条》中号召领导干部接受法制教育。毛泽东还反思了社会主义国家法制建设存在的问题。这些法律、法规不但完善了社会主义法律体系，而且更为后来开展的社会主义法制教育提供了有效的制度学习载体，彰显了社会主义法制教育鲜明的阶级属性。

其三，强调党员干部应当遵守法律。列宁提出了对共产党员违法从重处罚的思想，党员干部应自觉遵守法律，若违法不纠，党将丧失人民的拥护，失去群众基础。毛泽东继承了列宁的这一思想。1941 年 5 月，《陕甘宁边区施政纲领》就明确要求："共产党员有犯法者从重治罪。"为了刹住腐败邪风，树立廉洁正气，毛泽东坚持依法惩治了大行腐败之风的刘青山、张子善等人，告诫领导干部要遵守法律，违法就要受到处罚，庄严宣布了我国严格执法的立场和原则。为了使公民重视法制，毛泽东领导全国人大、政协、社会各界人士组成了普法领导小组，进行了浩大的社会主义法制教育活动。1960 年，毛泽东号召党内的高级干部要学习多方面的科学文化知识，提出要"学点法学"，社会主义法律制度只有被"多数人养成习惯"，法律才能真正被遵守。

其四，把思想改造与法律制裁紧密结合起来是毛泽东法制教育思想非常突出的一方面。传统的法治理论更多强调法律的惩罚功能，法律神圣而不可侵犯。毛泽东提出的法制教育思想，对传统的法治理论进行了创造性发展。对违法犯罪人员采取依法惩办和思想改造相结合的方法，使之转化为社会新人。既要改造人的客观世界，也要改造人的主观世界。只要是不进行反社会行为的，就应该给予土地和工作，予以改造。对于不愿意劳动的，在强迫他们劳动的同时，还应认真、充分地做好对他们的宣传教育工作。在新中国成立后，毛泽东还将思想改造扩展至对社会主义建设中的犯罪人员的改造，将对犯罪分子的法律惩罚与对犯罪分子的思想改造有机结合，减少和预防犯罪的发生。毛泽东在《关于正确处理人民内部矛盾的问题》中指出了走行政命令和说服教育结合之路，二者相辅相成。显然，单纯地依靠法律、法规等命令形式，改造效果是有限的，必须走与思想教育相结合之路。

基于司法制裁与思想改造相结合的指导思想，毛泽东提出了劳动改造理论和"死缓"理论。传统的理论认为监狱是惩罚罪犯的场所，罪犯在监狱中的劳动是一种法律的制裁。毛泽东认为，罪犯在监狱中服刑不仅是身体的改造，更是思想的改造，强迫劳动不仅能促进生产，而且通过对罪犯的思想教育，促使罪犯受到感化，悔过自新，可以实现对其思想的洗涤、升华。通过法律制裁与思想改造，可以实现从具有社会危害性的罪犯到社会自食其力劳动者的转变。毛泽东还多次提到了对罪犯正当权益的保护问题，要把犯罪的人当作人，对他有所希望，对他有所帮助，当然对他也要有所批评，反对任何形式的体罚和虐待。另外，毛泽东提出了"死缓"理论，即对罪该处死，但尚未达到严重程度的罪犯，判处死刑，但缓期两年执行，进行劳动改造，以观后效。死缓理论划清了死刑立即执行和死刑缓期执行的界限，是对法律理论的一大创举。根据"死缓"理论，我国在司法实践中，创立了"死缓"制度，既惩罚了犯罪，也给犯罪分子保留了重获新生的机会。历史和现实证明，毛泽东的劳动改造理论与"死缓"理论，实现了改造罪犯成为社会新人的目标。

2. 邓小平法制教育思想

随着党的十一届三中全会的召开，我国掀开了社会主义法制建设的新篇章。以邓小平为核心的中央领导集体，对我国社会主义法治建设进行了全面的论述，形成了丰富的法制教育思想。邓小平法制教育思想主要包括以下方面。

第一，提出将法制建设与经济建设并举，用法制促进经济和社会发展。

改革开放解放了生产力，带来了社会发展的勃勃生机，也带来了消极的一面，邓小平清醒地认识到，如不加以限制，会损害改革开放的成果，阻碍社会经济的发展。在经济建设过程中，需要处理好经济建设与法制建设的关系。为此邓小平提出"两手抓"理论，其具有丰富的内涵：既要重视经济建设，也要重视法制建设；既抓改革开放，也抓打击犯罪。齐头并进，不能重视一面而忽视另一面，从战略层面界定了社会主义建设中法制建设的重要地位。现代社会趋于向法治社会发展，法律作为行为规则体系，具有规范性、强制性、可预测性、教育性等功能，与道德共同构成了社会行为规范的两大体系，在社会经济关系调整中，法制显示了成文规则的优势和效率。因此，若离开法制的支撑和保障，社会主义现代化建设是不能开展的。针对我国法律制度不健全的状况，邓小平主张采用"试点法""摸索法"来完善我国法律体系，这是紧密联系我国实际，渐进式的立法指导思想。邓小平处在我国改革开放和体制转换的关键时期，他的"两手抓"理论，给我们科学处理法制建设与经济发展的关系提供了正确的指导。"两手抓，两手都要硬"的思想对过去的社会主义建设事业产生了重要影响，对将来发展也具有战略意义。

第二，建设社会主义民主政治，将民主与法制相结合。

纵观马克思主义法学的发展历程，马克思与恩格斯对法的起源、本质、发展规律等做了科学的阐述，但是由于时代的局限，在社会主义法制建设方面论述较少。列宁较早论述了社会主义民主政治问题，但是由于种种因素的影响，法制建设问题并未真正解决。以邓小平为核心的中央领导集体开创了建设社会主义法制的新局面，但是也是因为诸多因素的限制，在"人治"的圈子里徘徊。由此分析，建立和发展社会主义民主和法制一直是国际共产主义运动不断努力而又终未破解的课题。

从中外发展的经验教训出发，邓小平指出法律制度具有稳定性、连续性和权威性，民主必须靠法制来保障，要加强社会主义法制建设，就要有法可依、有法必依、执法必严、违法必究。他提出了"民主制度化、法律化"的社会主义民主理论，内涵丰富。一是民主制度化、规范化。民主没有法制为保障，不但不能实现民主，反而会陷入混乱无政府状态，被非理性的力量所操纵，阻碍经济社会的发展。法制对民主也具有规范的功能，是一种保障力量。因此，有序的、规范的和理性的社会主义民主，必须建立在民主的制度化、法律化的基础上。二是科学界定了党和法的关系。中国共产党与法律的关系定位对中国社会主义法制建设具有重要影响。因为定位的偏差，曾对中国法制建设产生了冲击。邓小平对党和法的关系予以了科学界定：一方面，法律之上无特权，党的任何组织和个人不能超越法律享有特权；另一方面，党章党规是调整党内关系的准则和规范，各级党内组织和个人应该自觉接受党内规则的制约。

法律是在党领导下制定的，遵守法律也是党应有的承诺，党员应当带头遵守法律。若党的活动和行为超越法律，无异于说国家的法律对党是没有约束力的，只针对普通民众，这样法律势必丧失了尊严和权威，成为一纸空文。因此，坚持和改善党的领导，必须在法律的框架下进行。邓小平关于党与法关系的论述，科学阐释了坚持和改善党的领导与维护法律的权威的关系问题，指明了党在社会主义现代化建设中应坚持的原则，对于正确处理执政党自身建设与社会主义法制建设的良性发展具有重要意义，并对我国未来社会主义政治文明建设产生深远影响。

第三，强调加强法制教育，突出育人功能。

我国有两千多年的封建传统，"人治"的观念根深蒂固，正确的执法守法观念尚未确立，法律的权威没有建立，缺乏法治的社会基础。针对国民素质现状，邓小平一方面在重视法律制度建设的同时，另一方面强调思想教育，通过教育"在全体人民中树立法制观念"，增强人民社会主义法制意识。

　　首先，提出了法制教育的根本问题是育人。提高公民素质、培养社会主义新人需要大力开展法制教育。很多人走向违法犯罪，根源就是法律素质不高，法制教育要进入各级各类学校课堂，法制教育的使命是育人。而如此具有重要意义的教育，新中国成立以来却被长期忽略。邓小平还对思想政治教育与法制教育的逻辑关系予以了阐明，指出良好的理想、道德教育能推动人维护法律、减少违法犯罪行为，对法制教育具有积极意义。

　　其次，强调法制教育的对象是全体公民，注重教育的针对性和层次性。法制教育的重点是党员干部和青少年教育。因为中国法制建设必须建立在各级干部对法治的认可和践行的基础上，政府对法治的推力是最有力的，是法治实现的重要保障，这其中干部的守法意识和执法能力是影响政府推动法治实现的重要因素，对干部的法制教育自然成为重点。邓小平把对干部的法制教育放在首先论及，指出党政机关干部"必须加强纪律和法制教育"。任何思想观念的形成，均离不开培育，需要遵循一定的思想形成规律。青少年阶段是法制观念形成的重要阶段，邓小平非常重视青少年法制教育，提出"法制教育要从娃娃开始，小学、中学都要进行这个教育，社会上也要进行这个教育"的观点，科学总结了青少年法制观念形成的途径：学校教育和社会教育。

　　3.江泽民法制教育思想

　　在建立和完善社会主义市场经济体系和社会主义政治文明的过程中作为党的领导核心，江泽民继承了以往领导人的法治思想，大力推动我国社会主义法治建设，提出了丰富的法制教育思想。

　　第一，提出了"依法治国"思想。

　　法治属于民主政治范畴，它与"人治"、专制根本对立，是一种重要的治国方式。"依法治国"思想的确立经历了一个历史过程。1996年2月，江泽民在《坚持实行依法治国，保证国家长治久安》的讲话中首提"依法治国"。1996年3月，全国人大通过的《关于国民经济和社会发展"九五"计划和2010年远景目标纲要》将"依法治国"确立为国家的战略目标。1997年9月，在党的十五大报告中，江泽民指出："健全社会主义法制，依法治国，建设社会主义法治国家。"1999年3月，全国人大通过了《中华人民共和国宪法修正案》，"依法治国"入宪，其地位被国家根本大法所确认。其内涵丰富而具体：广大人民群众是依法治国的主体，国家事务、经济事务和文化事务是客体，宪法和法律是依据，人民民主是核心，领导核心是中国共产党。"依法治国"思想的提出，标志着党和国家完成了从"法制"到"法治"的思想观念变革，在执政理念上彻底抛弃"人治"的思想，坚定地带领中国走向"法治"之路。依法治国方略是江泽民在世纪之交时对我国做出的重大贡献，对建设社会主义法治国家具有重要意义，依法治国思想也成为高校法制教育的重要内容。

第二，提出了法治与德治相结合的治国思想。

法治作为一种保持国家长治久安的方略，强调法律在国家治理中的权威性。德治作为一种治国手段，强调"以德治国，道德主导"。国家治理采用"法治"，还是"德治"，长期以来存在争议。马克思主义认为，法律与道德在本质上具有一致性，作为两种主要的行为规范，都是掌握政权的社会集团意志的体现，都是同一经济基础之上的上层建筑体系。江泽民认为法治与德治具有辩证关系。一方面，二者互为区别、相互独立，法治是基于完善的、理性的法律体系，通过规则的强制力规范社会组织和个人的行为，而德治是通过道德的宣传教育来规范社会成员的行为，主要依靠的是人的内心信念、传统习惯、社会舆论等。另一方面，二者联系紧密，互为条件，积极互动。加强社会主义事业建设，要将法治与德治相结合。从德治对法治的作用来看，德治给法治提供了道德思想、道德规范的指引。道德对于科学立法、公正执法、良好守法具有重要意义，一个道德观念较低、思想觉悟不高的群体是难以搞好法制建设的。从法治对德治作用的角度来看，法制建设对道德建设具有重要的保障作用，法律与道德具有天然的紧密关系，法律包含了重要的道德标准和规范要求，决定着道德实现的过程，法治必将有力促进社会主义道德的传播和发展。因此将"依法治国"与"以德治国"两种治国方略相结合具有科学性。另外，从规则作用的角度来看，法律只能制约人外化的行为表现，人的内心灵魂深处的思想，法律难以触及，需要通过个人的自律、自省，以及社会舆论监督等进行制约，这表示我们提高公民的综合素质，必然要走法制教育与道德教育相结合之路。

第三，推动司法体制改革，促进司法公平、公正、公开。

由于受苏联"条块结合、以块为主"的司法模式影响，新中国成立后我国司法长期缺乏独立性，受地方人、财、物等方面的制约。随着我国改革开放和社会主义市场经济的逐步确立，这种体制已经不能满足社会对司法公平、公正和公开的期待。1992年10月，在十四大报告中，江泽民正式提出司法独立观点，开启了我国司法改革的大幕。在制度上，调整司法体系中的"条""块"关系，将司法机构改成垂直领导模式，下级法院、检察院接受上级法院、检察院的监督、领导，最高法院、检察院服从中共中央的领导，使法院、检察院的人、财、物均垂直于地方，确立了垂直管理式的司法制度体系。1995年生效的《中华人民共和国法官法》《中华人民共和国检察官法》对法官、检察官的任职条件、回避制度、考核方式等内容做了相关规定，标志着我国司法体制迈向了现代化、正规化之路。江泽民还非常重视教育和监督对司法公平、公开、公正的作用，并对司法腐败给予了高度关注和警觉，认为司法腐败从源头上污染了法治之水，严重影响党和政府的公信力，损害了司法队伍的形象。要遏制司法腐败，除了进行管理体制的创新之外，还要进行有效的思想政治教育，提高司法队伍的思想觉悟。此外，应建立司法监督机制，把司法活动置于有效的社会监督体系之中，加强法律监督、党内监督、舆论监督和群众监督。

第四，注重通过法制教育提高公民的法律素质，重视教育对法制建设的基础功能。

我国经历了漫长的"人治"阶段，彻底扭转根深蒂固的"官本位""义务本位"的思维模式，公民法律素质的提升是根本。江泽民指出民主法制教育应与民主法治实践相结合，公民法律素质的提升是法制建设的基础性工程。2001年我国加入了世界贸易组织，为与世界贸易组织规则相协调，我国对国内法律进行了大量的调整和变动。既体现了中国作为大国的国际责任，也是吸收、借鉴和完善我国法律的客观要求。为适应社会发展的新变化和国际社会发展的新趋势，要求国内法与国际法教育并重。

在重视全民法制教育的同时，江泽民继承了邓小平干部法制教育思想，并注重发挥干部的示范效应。1994年至2002年，中央连续举行了十多次法制讲座，每次讲座都由江泽民亲自主持，讲座立足于国内外形势，针对改革和发展中的重大法制课题展开。讲座结束，江泽民均发表重要讲话，对全民法制教育，尤其是领导干部学习法律提出了明确要求。中央法制讲座对于全国人民，特别是各级党政干部发挥了激励和示范作用。

青少年法制教育是依法治国具有根本性、长远性的工作，教育目标决定了培养什么样的人。江泽民继承了毛泽东、邓小平的基本教育思想，明确培养有理想、有道德、有文化、有纪律的"四有"新人是社会主义教育事业的目标，强调法制教育是培养"四有"新人的重要组成部分。学校是学生接受教育、身心成长的重要场所，也是法制教育的主要渠道。对学生的法制教育，课内课外、校内校外都应该抓好。法制教育做到计划、课时、教材、师资"四落实"，秉持教育与社会实践相结合、教育要为社会主义事业服务的教育方针。社会各部门应当营造法制教育的良好环境。

4. 胡锦涛法制教育思想

胡锦涛将马克思主义思想与中国实际紧密结合，提出了科学发展观理论，将我国法制建设推入了新时期，形成了丰富的法制教育思想。

第一，凝练法治精神，提出了社会主义法治理念。

胡锦涛在继承了毛泽东、邓小平、江泽民法治思想，吸收借鉴了国内外法治文明的基础上，依据我国法治发展状况，于2005年11月正式提出了社会主义法治理念，其基本内容为"依法治国、执法为民、公平正义、服务大局和党的领导"五个方面。这五个方面是一个有机整体，联系紧密。其一，依法治国是核心。主张人民民主，反对依法治民；主张宪法权威，反对一切特权；主张依法治权，实行权力约束。其二，执法为民是本质。我国宪法确立了人民是国家的主人，一切权力来源于人民的基本原则，执法为民反映了社会主义法的本质，既对执法具有引导作用，也对公民法治精神的培育等具有价值。其三，公平正义是价值追求。公平正义是法治文明的灵魂，其要求全体公民能够按照法律的规定，依法行使权利，合法履行义务，权利和义务能得到公正的对待。其四，服务大局是使命。中国特色社会主义事业建设是当前的根本大局，法治理念教育要紧紧围绕大局来开展，为此大局开展服务，充分把握大局，立足本职工作。其五，党的领导是保证。上述几项理念的实现必须有正确而有力的领导，党的性质、地位和使命决定了其具有领导保证作用。

社会主义法治理念的提出和完善，标志着中国民主法制建设跨入了一个新时期，是社会主义法制建设的重大理论成果。它启示我们，当法律制度发展到一定层次后，法治发展要有体系化的精神为支撑，形成以社会成员对法律普遍信任为基础的法律文化共同体，这是法治良性持续发展的不竭动力。

第二，提出科学发展观理论，构建了法治发展观理论体系。

法制建设的路径和方向是我国法治发展的历史前提。胡锦涛指出我国社会主义现代化建设的历史基础和具体条件，即以科学社会主义为原则、以中国国情为特色，这也是发展法治观的逻辑前提和历史基础。社会主义民主政治是法治发展的本质属性，人民民主是社会主义的生命。他主张把政治协商纳入决策程序。他重视基层群众自治组织的建设，主张建设社区"社会生活共同体"。增强决策公众参与度和透明度，建设智力支持和决策信息系统，制定与社会大众利益有关的法律政策，要倾听广大民众的心声，重视社会机会平等，保障公民的平等参与等。这些思想反映了社会主义法制建设的一般要求，也包含了中国特色的法治思想。

科学发展观的第一要义是发展，法治建设的第一要义也是发展。法治社会的建设是一个化解各种社会矛盾的过程，所以法治的发展需要遵循和谐的理念。法治的发展方式应当是持续性、渐进式的，建立在我国社会的发展实际和发展规律基础上。要从实际出发，与时俱进，按照规律办事。既要重视质量也要重视数量，既要重视公平也要重视效率。社会主义法治国家建设要有科学的主题和发展核心，胡锦涛提出了以人为本的发展核心思想，这种思想也符合法治发展的主题和核心。法制建设应当坚持以人为本，在社会主义法制建设活动中，尊重人性、尊重人格、关注民生和保障人权。法治发展观重视法治发展的基本环节。在立法环节，要科学立法、民主立法，推动文明向深层次发展。在法律适用环节，要建立高效的司法和执法体系，一方面，建设服务型政府，依法行政；另一方面，改革司法体制，建立公正有效的司法制度体系。在法律监督环节，权力必须受到制约，否则难免滋生腐败，应当完善监督机制，启用追责机制，让权力放在阳光之下。胡锦涛的法治发展观丰富和发展了民主法治理论，为推进我国法制建设向纵深发展提供了科学理念和思路。

第三，高度重视法制宣传教育，弘扬法治精神。

贯彻科学发展观、促进经济协调发展、实现社会正义的必然要求是树立法治理念，需要弘扬法治精神，传授法律知识。以胡锦涛为核心的中央领导集体也带头学习法律。从2002年12月26日至2012年5月28日，中央政治局先后组织了77次学习，涉及了政治、经济、文化、社会、党建、法律等问题。其中，法治出现的频率较高，是一个重要的学习内容。中央带头学习法律，提高了党的执政能力和工作素质，也为其他官员和全体公民做了表率。

胡锦涛重视对全体人民的法治宣传教育。2001年，国家将现行宪法实施的12月4日确定为"全国法制宣传日"，营造了全民学习的氛围。胡锦涛还阐述了法制教育中诸要素的逻辑关系：学法，是前提和基础，没有对法律和法治精神的充分认识和领会，法制教育是难以取得成效的；尊法，是在对法律内容和理性充分认识和把握的基础上建立的对法律的神圣情感，也是一种信任之感；守法，是必然的选择，是基于对法律的信任和尊重，会自觉履行义务；用法，也是法制教育的必然要求，是为维护法律的尊严，保护公民的合法权益。在此关系中，学法是基础、前提，尊法是条件，守法、用法是结果。这对提升法制教育有效性具有启示意义。

5. 习近平法治思想

在全面深化改革、完善和发展中国特色社会主义制度过程中，习近平在继承社会主义民主和法治的基础之上，提出了一系列新思想、新观点，大力推动依法治国建设，丰富和发展了法制教育思想。

第一，法治是治国理政的基本工具。

把法治作为治国理政的基本方式，是我国治国发展探索的必然结果，也是人类历史经验的深刻结论。以邓小平为核心的中央领导集体清醒地认识到，保障公民的各项权益和社会有序健康发展，法治是必须依靠的基本手段。习近平继承了这一思想。习近平多次强调"法律是治国之重器"，党和国家的各项工作要依法开展，促进工作法治化。中国特色社会主义建设就是要在坚持党的领导的基础上，最大限度发挥人民群众的创造精神，把依法治国方略贯彻到政治、经济和文化等各方面的建设中来。

第二，依宪治国，维护宪法法律权威。

宪法规定了国家的根本制度、根本任务和国家生活中最重要的原则，为国家、社会生活总体运行提供规范和约束，具有最大的权威性和最高的法律效力，是我国立法的基础和依据，是对我国各阶级政治地位的确认，规范和确认了我国人民民主制度。习近平突出了宪法在国家治理中的地位，依法治国，首先是依宪治国，依法执政，关键是依宪执政。法律是社会的最大公约数，是社会矛盾的化解器，依靠宪法和法律才能凝聚共识和力量，保证社会的可持续发展与稳定。习近平还非常重视维护宪法权威，宪法是党的主张和人民意志相统一的体现。我国宪法是在党的领导下制定和修改的，反映了人民的意志和利益，主张党的事业和人民利益，必然要求宪法至上，维护宪法权威。2014年，第十二届全国人大常委会第十一次会议确立12月4日为国家宪法日，这些规定进一步明确了宪法的权威性。

第三，社会主义法制体系理论。

建设法治社会是国家未来社会发展的总目标，落实、实践这一目标尤为关键。社会主义法制体系包括法律规范体系、法制实施体系、法制监督体系、法制保障体系和党内法规体系五个子系统。"良法是善治之前提"，立法要以"良"为目标。法律的生命力在于实施，仅有完备的法律，而不实施、不落实、不执行，只能成为摆设。监督是阳光和消毒剂，没有严密的监督体系，就难以有依法治国方略的有效实施。有力的法制保障体系是依法治国的标志。在过去领导中国革命和建设中，党制定了大量的内部法规，由于多种复杂因素的影响，立法缺乏规划，存在法规缺乏、重复、冲突等现象，需要予以科学化、合理化，推进党的治理能力的现代化。社会主义法治体系被科学地界定为"五个体系"，将为推进依法治国指明根本方向，是我国法治的路线图。

2021 年，习近平提出法治思想，这是习近平新时代中国特色社会主义思想的重要组成部分，是全面依法治国的行动指南。

第四，深化司法体制改革，促进司法公正。

"理国要道，在于公平正直。"社会公平正义是社会主义法治的核心内容。习近平强调，司法公正是保持社会公平正义的底层防线，权利受到侵害，就应获得保护和救济，违法者就要承担应有责任，每一个司法案件都应当体现公平正义。为此，习近平指出，司法改革应当坚持司法为民、从业者必须坚守良知、过程公开透明、完善人权司法保障制度和加强司法活动监督。

第五，提出信仰法律的法制教育目标。

法律的权威源自人民的内心拥护和真诚信仰。若社会大众没有形成牢固的法律情感，法治目标也终将难以实现。法律应成为全社会的行为准绳。习近平认为，法律不仅是义务规范，也是权利保护的重要规范。通过弘扬社会主义法治精神，增强社会大众践行法治的主动性和积极性，引导全民自觉守法、遇事找法律、解决问题靠法律，形成守法光荣、违法可耻的社会舆论氛围，崇拜法律、遵守法律、捍卫法律最终确立法治信仰。

关于各级党组织和领导干部守法的表率问题。习近平多次指出，各级党组织必须在法律规定的范围内活动。干部要带头遵守法律，对法律存有敬畏之心，法律红线绝不能触碰。党的十八届四中全会发布的《中共中央关于全面推进依法治国若干重大问题的决定》强调领导干部带头学法、模范守法是树立公民法治意识的关键。党员干部带头守法，既是科学有效履职的要求，也将对社会大众守法产生积极的示范作用。

习近平法治思想全面系统、内涵丰富，具有很强的思想性、针对性和指导性，极大地丰富了法制教育思想。当然，随着我国法制建设实践的推进，习近平法制教育思想也将不断地丰富和发展。

高校法制教育不仅关系到国内法治社会的建立，还对国际间政治秩序的维护有间接的影响作用，这也是当前社会发展的需要。因此，高校法制教育工作者应该改变传统的教育模式，契合社会的需要，从日常生活入手，帮助大学生树立正确的世界观和价值观，将其培养成国家发展所需要的复合型人才，发挥法制教育的真正作用。

第三节　法制教育的发展现状

如果从 1984 年第一次全民法制宣传教育算起，我国大规模开展法制教育已有 37 年。如果从 1987 年高校开始设立"法律基础"课程算起，我国大学生法制教育也已有 34 年的历史。

一、全民性法制宣传教育回溯

新中国成立后，为使社会主义的法律制度迅速为人民群众所了解和认同，我国政府曾经开展过一些法制宣传教育。如 1950 年 5 月新中国第一部基本法律《中华人民共和国婚姻法》颁行后，曾进行了广泛宣传，1956 年反映青年男女争取婚姻自由的评剧《刘巧儿》公演，为《婚姻法》宣传提供了鲜活注解，一时间，《刘巧儿》的唱段脍炙人口，《中华人民共和国婚姻法》也广为人知。在 1954 年新中国第一部宪法起草的过程中，毛泽东提出要向全国公布宪法草案，发动人民群众积极提出自己对于宪法草案的修改意见。

这个宪法草案结合了少数领导者的意见和八千多人的意见，公布以后，还要由全国人民讨论，使中央的意见和全国人民的意见相结合。全国人民的讨论进行了两个多月，共有一亿五千多万人参加。这种全民讨论实际上也是一种有关宪法的宣传教育。

改革开放后，总结历史经验教训，民主法制的重要性凸显出来：要想维护国家安定团结，必须发展社会主义民主，健全社会主义法制，绝不容许任何人肆意破坏民主法制。为此，不仅要加快立法、严格执法，更要进行法制宣传教育，让人人知法、懂法，只有知法才能守法。1980 年 12 月，邓小平在中央工作会议上提出："在党政机关、军队、企业、学校和全体人民中，都必须加强纪律教育和法制教育。"在中央的号召下，许多地方开始大力开展法制宣传教育，在公民中普及法律常识。在各地普法宣传教育的基础上，从 1985 年底开始，我国进行了大规模的普法宣传教育活动，以五年为一个阶段，目前已是"七五"普法。

（一）从"一五"普法到"七五"普法

1985 年 11 月 5 日，中共中央、国务院以通知形式转发的《关于向全体公民基本普及法律常识的五年规划》（简称"一五"普法规划）指出，全民普及法律常识是我国人民政治生活中的一件大事，是社会主义精神文明建设的一个重要组成部分。做好这项工作，对于进一步发扬社会主义民主，加强社会主义法制，推进社会主义"两个文明"的建设，实现党在新时期总的奋斗目标和总任务，都具有重要的意义。这就是第一个普法五年规划。由于这是关系全民的一件大事，普法宣传活动得到了国家的高度重视。因此，在国务院提出议案的基础上，1985 年 11 月 22 日第六届全国人民代表大会常务委员会第十三次会议通过了《关于在公民中基本普及法律常识的决议》，这是全国人大常委会做出的第一个普法决议。决议指出，为了发展社会主义民主，健全社会主义法制，必须将法律交给广大人民掌握，使广大人民知法、守法，树立法制观念，学会运用法律武器，同一切违反法律的行为做斗争，保障公民合法的权利和利益，保障法律的实施。为此政府决定，从 1986 年起，争取用五年左右时间，有计划、有步骤地在一切有接受教育能力的公民中，普遍进行一次普及法律常识的教育，并且逐步做到制度化、经常化。此后，每隔五年，中国共产党中央委员会宣传部、司法部便制定下一个五年法制宣传教育规划，经中共中央、国务院转发全国。同时，全国人大常委会也多次听取国务院有关开展法制宣传教育工作的报告，并每隔五年以常委会决议的形式，对开展法制宣传教育做出部署。

2016 年 4 月 17 日，中共中央、国务院转发了《中央宣传部、司法部关于在公民中开展法治宣传教育的第七个五年规划（2016—2020 年）》（简称"七五"普法规划）。通知要求，深入开展法治宣传教育，是贯彻落实党的十八大和十八届三中、四中、五中全会精神的重要任务，是实施"十三五"规划、全面建成小康社会的重要保障。各级党委和政府要把法治宣传教育纳入当地经济社会发展规划，进一步健全党委领导、人大监督、政府实施的法治宣传教育工作领导体制，确保"七五"普法规划各项目标任务落到实处。

（二）全民性法制宣传教育的成绩与经验

回顾全民性法制宣传教育历程，我们可以很清楚地看到，"一五"普法规划的目标是向全体公民基本普及法律常识，这里有两个关键词，一是"基本普及"，二是"法律常识"。可以说，"一五"普法规划的要求并不高，普及的只是法律常识而非法律知识。但从"二五"普法规划开始，目标就逐步提升，普法规划和决议的文件名中的关键词也从"普及法律常识"变成了"法制宣传教育"。为此，在"二五"普法规划时期，司法部成立了全国普及法律常识办公室，各地也相应成立了普法领导小组办公室。在"三五"普法规划中，第一次提出坚持学法用法相结合，普法从"学"向"用"转变，从法制宣传向法治实践转变。而在"四五"普法规划中明确提出，要通过"四五"普法规划的实施，努力实现由提高全民法律意识向提高全民法律素质的转变，这就对公民不仅提出了知法、守法的要求，更提出了用法、护法的要求。在"五五"普法规划时期，法制宣传教育力度加大，活动覆盖面进一步扩大，把农民纳入普法的重点对象，在全国范围内开展了"法律进机关、进乡村、进社区、进学校、进企业、进单位"的"六进"活动。"六五"普法规划进一步提出社会主义法治文化建设的任务，弘扬社会主义法治精神，在全社会形成崇尚法律、遵守法律、维护法律权威的氛围。

大规模全民性普法活动成效还是比较显著的。仅就"五五"普法规划来看，全民法制宣传教育深入开展，法律进机关、进乡村、进社区、进学校、进企业、进单位活动蓬勃开展，依法治理和法治创建活动深入推进，法律知识得到较为广泛普及，全体公民法律学习意识明显增强，全社会法治化管理水平逐步提高，法制宣传教育在落实依法治国基本方略、服务经济社会发展、维护社会和谐稳定方面发挥了重要作用。

"七五"普法规划再一次深入开展全民法制宣传教育，广大干部群众的法律意识明显增强，为实施依法治国基本方略、推进经济平稳较快发展起到了重要作用。

总结历次全民性法制宣传教育的经验，可以归结出以下几条：

从法制宣传教育的主体看，注重大众性，突出特殊性。普法的基本目标是提高全体公民的法制意识，因此，一切有接受教育能力的公民都是普法的对象。同时，必须对一些特殊对象进行重点教育。领导干部是中国特色社会主义事业的组织者和领导者，肩负着领导和管理国家各项事业的重要职责，提高领导干部的法律素质和依法办事的能力水平对建设社会主义法治国家至关重要。领导干部带头学法、守法、用法，对于全民普法具有表率作用。而青少年是国家的希望，民族的未来，提高青少年的法律素质，对于青少年的健康成长和国家长治久安都具有重要意义。抓住了领导干部和青少年，就是抓住了"带头"和"源头"，因此，历次普法都把领导干部和青少年作为重中之重。

从法制宣传教育的目标看，区分层次性，注重渐进性。法制建设的最高境界是把法律内化于心，成为公民的文化自觉。这是一个漫长的、渐进的过程，其中至少包括增强法制观念、提高用法能力、培养法律素质、形成法治文化等几个层次。从"一五"普法规划到"七五"普法规划，普法的目标经历了从普及法律知识的初级纲领向建设法治文化的高级纲领转化的过程，但在实施过程中，每一层次的目标都并非一蹴而就的，效果也不可能立竿见影，要认识到法制宣传教育的目标渐进性和效果渐显性，坚持不懈，持之以恒。

从法制宣传教育的内容看，突出根本法，注重广泛性。宪法是国家的根本法，是依法治国的总章程，具有最高的法律权威和最大的法律效力。历次普法都把深入学习宣传宪法作为一项基础性、根本性的重点工作突出抓好。同时，随着中国特色社会主义法律体系的逐步建立，在市场经济、社会管理、民生保障等与公民日常生活密切相关的领域，新制定和修订了一大批法律法规，在进行普法时，也注重根据公民生产生活的实际需要和经济社会发展形势，有针对性地宣传国家基本法律和与广大公民有密切关系的法律知识，使新制定和修订的法律法规得到广泛普及。

从法制宣传教育的形式看，抓住主渠道，注重多样性。法制教育课程是法制宣传教育的主渠道。从"一五"普法规划到"三五"普法规划，都强调要坚持面向教育，有计划地、系统地通过开设法制课、举办培训班等形式，进行法制宣传教育。法制教育课程在对需要快速系统掌握大量法律知识的特殊群体，如公务员、领导干部、执法人员等进行法律知识普及教育方面，发挥了不可替代的重要作用。同时，历次法制宣传教育还十分注重利用多种传播形式，建设各式宣传阵地，扩大法制宣传教育的覆盖面，提高法制宣传教育的有效性。如在广播、电视、报刊等大众传媒开辟法制教育栏目，编写法律知识读本，创作法制文艺作品，举办法制教育展览、法律知识竞赛，开展法制教育主题活动等。从2001年开始，国家还把每年的12月4日定为全国法制宣传日。随着时代的发展和科技的进步，国家现在也越来越注重通过网络开展法制宣传教育，建设了中国普法网等一大批普法网站。

（三）"六五"普法规划的新特点

与前五次全民性法制宣传教育相比，2011年开始的"六五"普法规划显现出几个新特点。一是开始重视法治理念的教育和法治文化的培育。知识是理念的基础，理念是知识的精髓。理念的形成有赖于知识的沉淀，知识普及中渗透着理念。普法不仅是法律知识的传播，更主要的是法律意识和法律理念的培养。"六五"普法规划的一个鲜明特征，就是把法制宣传教育与社会主义核心价值体系教育、社会主义法治理念教育、社会主义公民意识教育相结合，重视法治理念的植入和法治文化的养成。把社会主义法治理念教育和积极推进社会主义法治文化建设列入"六五"普法规划的十大任务，将弘扬社会主义法治精神，推动社会主义法治理念逐步深入人心，在全社会形成崇尚法律、遵守法律、维护法律权威的氛围作为普法的目标。这充分表明，全民性法制宣传教育已经从法律知识的传播逐步转向法治精神的传播，而全民法治精神的培养，是建设法治社会的必不可少的要素。二是贯穿以人为本的理念，把保障和改善民生的法律作为普法的重点内容之一。近年来，随着国家对保障民生重视程度的不断提高，民生立法的速度越来越快，涉及领域越来越广，体系也越来越完备。在我国国民经济和社会发展第十二个五年规划（以下简称"十二五"）中，也大量地涉及了保障和改善民生的内容。可以预见，在"十二五"期间，保障民生的立法力度将越来越大。但由于立法速度太快，人民群众对于相关法律的了解和熟悉程度不够，导致国家出台的民生保障政策无法落实到每个有需要的人，影响了政策的效果。"六五"普法规划把深入学习与宣传保障和改善民生的法律法规作为主要任务，就是要通过法制宣传教育工作，推动保障和改善民生法律法规的贯彻实施，从而达到依法保障和改善民生的根本目的。这也是法制宣传教育坚持以人为本，全面落实科学发展观的具体体现。三是首次明确提出法制宣传教育与反腐倡廉建设相结合。法制宣传教育以提高全民法律素质，提高全社会法治化管理水平，形成自觉学法、守法、用法的社会环境为主要目标，是极为重要的反腐败治本之策。一方面，广大群众自觉学法、守法、用法，以法律为指引从事各项活动、处理各类关系，就会减少矛盾纠纷的发生，即使发生矛盾纠纷，也会通过法律途径加以解决，而不是找关系、走后门，搞歪门邪道。这就从根本上压缩了权力寻租、滋生腐败的空间。另一方面，公民法治意识的苏醒，必然伴随公民权利意识的觉醒，唤起公民要求对权力进行制约和规范的主张，有助于公民更加自觉地拿起法律武器反对腐败。"六五"普法规划首次把反腐倡廉法制宣传教育作为普法的一项主要任务，这充分反映了国家进一步加大反腐倡廉力度，建设风清气正社会环境的决心。

（四）我国公民法治品质总体状况

经过大规模的普法教育，我国公民法治品质与改革开放初期相比，已有很大进步，但与社会主义法制建设的需要相比，仍存在很大距离。

一是公民法律认知的理性化增强，但法律素质仍然不高。经过普法教育，我国公民已经具有一定的法律知识，学习法律知识的意愿有所上升，但总的来看，我国公民的法律素质仍然不高，特别是一些文化水平较低的群体法律素质亟待提升。在东莞务工人员中进行的一次调研显示，54%的被调查者认为法律与自己的工作、学习和生活关系不大；72%的被调查者认为犯罪分子不应该得到律师充分辩护；只有4%的被调查者会经常关注立法等法律事件。

二是公民有法治的诉求，但缺少对法治的信任。随着经济社会的发展和中国特色社会主义法律体系的逐步完善，公民对自我权益的保护意识逐步增强，对于法治社会的诉求越来越强烈，然而在现实生活中，相当一部分公民对法治仍然抱着不信任的态度，表现出想要用法，但又畏权畏法，期待法治，但又不相信法治的矛盾心理。一项对京、津、沪、渝四地公民进行的法律素质调查显示，36.7%的被调查者当与他人有了激烈纠纷时，还是把解决矛盾的希望寄托在单位和领导身上，甚至还有3.8%的人选择"以暴易暴"，通过恐吓、武力或其他施压方式解决。

三是公民的民主意识和权利观念有所增强，但与现代法治国家要求仍有差距。现代法治的重要特征之一就是尊重人的权利、保障人的权利。改革开放以来，我国公民的民主意识开始逐步觉醒，权利观念不断强化，其变化主要表现为公民日益重视其个人利益。人们已经逐渐认识到，个人利益不再是无足轻重的，私人财产或私有财产应受到保护。当个人正当利益与集体利益或国家利益发生冲突时，个人正当利益受到集体利益或国家利益侵害时，人们不再像以前那样无条件地牺牲个人利益，而开始质疑集体利益或国家利益的合法性和正当性，甚至通过上访、诉讼等途径寻求个人利益的救赎。然而，公民的基本要素之一是"公"，具有公共精神、尊重和维护公共权利是法治社会公民所应具有的素质。一项对辽宁省锦州地区公民的调查发现，如果拿了30元左右的公共物品，只有36.78%的人认为需要原物返还，而对于同样价值的私人物品，50.28%的人主张原物归还。公民只关注与自己个人利益直接有关的公共事务，如价格听证会，而对那些看起来与自己并无直接关系的公共事务并不热衷。在另一份调研中，55.4%的被调查者对担任人大代表履行职责表示出无所谓或不愿意的态度。可见，当前一部分公民离现代法治国家所要求的公民精神和参与意识相去甚远。

四是公民的法治意识发展呈现出不平衡。当前我国公民的法治意识的另一个明显特征就是发展的不平衡。一方面，公民各类法律的意识发展不平衡。这具体表现在，宪法意识弱于部门法律意识，民法、经济法意识弱于刑法意识，诉讼法意识弱于实体法意识。另一方面，不同地域、不同人群法治意识发展不平衡。在东莞的调查显示，老年人、农民和进城务工人员的法律意识发展比较滞后，对京、津、沪、渝四地公民法律意识的调查也表明，四地市民的法律意识、对法律的认知、维护法律的自觉性和运用法律的能力方面都有一定差异。这是在四个直辖市间进行的比较，如果把城市与农村相比、一线城市与二线城市相比、发达省份的城市与不发达省份的城市相比，差异也许将更加显著。

（五）全民性法制宣传教育的缺陷

公民法治状况折射出的是全民性法制宣传教育的内在缺陷，这些缺陷限制了法制宣传教育的效果，导致虽然进行了长期大规模的法制宣传，但法律对于公民而言仍然是外在的，尚未进入人们内心，转化为公民的品质。这也影响到了我国法制建设的步伐。

就目前全民性法制宣传教育而言，主要存在以下三个方面的问题。

一是重义务教育，轻权利教育。无论在教育内容、教育对象还是在教育目标的设定上，全民性法制宣传教育都把教育公民履行法律义务、遵守法律规定、不违法犯罪放在首位，注重和强调义务性、禁止性、制裁性法律规范的灌输和教育，轻视和忽略权利性、许可性、保护性法律规范的宣传和告知。甚至有的基层干部认为，法律权利讲多了，群众的法律意识就增强了，基层的工作就越来越难做了。实际上，公民的法律权利和法律义务是相辅相成的，没有无义务的权利，也没有无权利的义务，享受权利，是为了更好地履行义务，履行义务，也是为了更好地享受权利。如果把义务和权利割裂开来，只强调守法义务，忽视法律权利，法就变成了纯粹用来"治民"的工具，公民无法树立现代法治理念，更无法实现法治的目的。

二是重规定传授，轻理念传播。全民性法制宣传教育作为以国家意志形式开展的一项教育活动，有着明确的教育内容，在历次普法规划中，都规定了要重点学习的法律。如"一五"普法规划规定：普及法律常识的基本内容是，我国的宪法、刑法、刑事诉讼法、民事诉讼法、婚姻法、继承法、经济合同法、兵役法、治安管理处罚条例以及其他与广大公民有密切关系的法律常识在当时人们普遍法律知识贫乏、法治意识荒芜的现实情况下，通过集中开展法制宣传教育迅速让公民熟悉了解法律规定，进而获得法律知识的做法的确在一定程度上扭转了对"法"感到陌生与畏惧的普通中国人的观念，让他们知道了法律的内容和法律在自己生活中的重要作用。然而，在"一五"至"五五"普法规划规定的宣传内容中，仅有国家制定的法律规定，而没有法律精神、法治理念等内容，直到"六五"普法规划才把社会主义法治理念教育、法治文化建设列入普法宣传的内容。法律条文背得再滚瓜烂熟，但如果缺少法治理念的支撑，对公民树立法治意识、提高法律素质、形成法治素养也是于事无补的。

三是重知识普及，轻素质养成。由于法律知识教育宣传实施起来较为方便，考核评价比较容易，因而在普法教育中，常常只重视法律知识的普及，在评价全民性法制宣传教育成果时，也往往以人们掌握了多少法律知识作为评判活动效果的标准，通常采用考试、知识竞赛等形式。一些单位为了取得好成绩，往往抽调专人死记硬背知识点。然而，法律典籍浩如烟海，法律从业人员都不能够全部掌握，何况普通市民？事实上，在现代科技条件下要了解法律规定、获得法律知识并不难，难的是精神的培育和素质的养成。法律是一门实践性很强的学科，如果仅仅停留在纸面上，法律只是一纸空文，只有在实际运用中，才能构筑起法治大厦。因此，法制宣传教育不能单纯授人以鱼，而要同时授人以渔，在普及知识的同时，也要让公民知道该如何运用法律、维护法律，培育公民的法治素质和法治能力。

二、学校教育中的大学生法制教育

（一）历次普法中关于大学生法制教育的部署

从"一五"普法规划到"六五"普法规划，大学生始终是法制宣传教育的重点对象。"一五"普法规划中明确提出，大学、中学、小学以及其他各级各类学校，都要设置法制教育的课程，或者在有关课程中增加法制教育的内容，列入教学计划，并且把法制教育同道德品质教育、思想政治教育结合起来。在《关于向全体公民基本普及法律常识的五年规划》中也要求，各类大、中、小学要根据不同对象和不同要求设置有关法制教育的课程。小学应根据少年儿童的特点，结合思想品德课进行，重点是向小学生进行法制的启蒙教育，普及交通管理规则和治安管理处罚条例中的有关常识；在小学高年级学生中进行有关违法犯罪的简单概念教育；在中学应重点普及宪法和刑法等有关法律知识；大学生还应学习法学基础理论和同本专业有关的法律知识。所有大、中、小学都要向学生进行积极同违法犯罪行为做斗争的教育。根据普法部署，从1987年起，高校普遍开设了"法律基础"课程，作为非法律类专业学生的必修课，纳入了思想教育课程体系。

1991年，全国人大常委会在《关于深入开展法制宣传教育的决议》中提出，要从培养新一代社会主义事业接班人的高度，在大、中、小学以及其他各级各类学校，设置法制教育必修课程，编好大、中、小学不同水平要求的课本，充实法制教育内容并列入教学计划，切实加强对在校学生的法制教育。要在第一个五年普法规划的基础上，进一步改进和完善学校的法制教育，努力实现法制教育的制度化，切实提高青少年学生的法律素质，增强他们的法制观念。"二五"普法规划中也提出了大、中、小学校要进一步完善学校的法制教育体系，努力实现法制教育系统化，增强学生的法制观念的要求。"三五"普法规划进一步强调，青少年的法制宣传教育要常抓不懈，大、中、小学校要把法制教育列为学生的必修课，做到教学有大纲，学习有教材，任课有教师，课时有保证。"四五"普法规划要求做到计划、课时、教材、师资"四落实"，保证普及基本法律常识的任务在九年义务教育期间完成。在"五五"普法规划实施期间，开展了"法律进学校"活动，除了发挥第一课堂的主渠道作用外，还积极开辟第二课堂，推进开展学法、用法实践活动，努力培养青少年的爱国意识、守法意识和权利与义务意识。根据不同年龄阶段学生的生理、心理特点和接受能力，有针对性地开展法制教育，注重中小学生法律启蒙和法律常识教育，培养中小学生自我保护意识，提高其分辨是非的能力，帮助其养成守法习惯；对于大学生，要加强其法律基础理论教育，引导他们牢固树立崇尚法律、遵守法律的意识，增强他们的法制观念。通过教育和法制相结合，预防和减少未成年人违法犯罪行为。

"六五"普法规划中依然强调要深入开展青少年法制宣传教育，根据青少年的特点和接受能力，结合公民意识教育，有针对性地开展法制宣传教育，引导青少年树立社会主义法治理念和法治意识，养成遵纪守法的行为习惯，培养社会主义合格公民。在高校中加强普法教育，加大中国特色社会主义法学理论教育力度，积极推进高校法学理论教育教材建设和师资队伍建设，引导大学生牢固树立社会主义法治理念。同时，高校还应适应时代发展潮流，提出要重视运用互联网等传播手段丰富青少年法制宣传教育的途径和形式，健全学校、家庭、社会"三位一体"的青少年法制教育格局。

（二）高校法制教育课程

1.起步探索阶段

在新中国成立之初，我国各项事业百废待兴，中南政法学院（现中南财经政法学院）等四所政法学院，以院系设立和政法学院建设的方式扩充法治人才储备。在课程设置方面，法学教育主要涉及的是阶级斗争观念，"以俄为师"学习马克思列宁主义法学思想和苏维埃国家法权史以及革命的人生观等法学知识，各大学也开设了独立的课程来讲授法律知识，注重对公民的政治意识和责任感的培养，树立新中国的法治思想。

总的来说，新中国成立初期法制建设处于起步阶段，发展并不完善，虽然在教学目标、机构建设、课程设置三方面做了初步努力，但主要是围绕新中国国家建设而展开的，并未形成有针对性的法制教育，高校法制教育处于起步探索阶段。之后的深刻反思为我国法制的恢复和发展提供了助推性的力量，使我国在坚持改革开放的同时，不断完善社会主义法制建设，加强对高校学生的法制教育。

2. 普及法律知识阶段

1978 年，我国进入改革开放新时期，各个领域开启了法制建设的恢复与重建。新中国成立初期颁布的一系列法律条例对高等教育和法制教育产生了重要影响。我国以法律知识普及和法律意识提高相结合的方式进入了高校法制教育的恢复建设阶段。

在这一时期，我们意识到了法治思维代替人治思维的重要性。为适应现代化进程，1978 年召开的全国教育工作会议将现代化的实现确立为教育的主要目标。在这一目标指导下，高等教育的培育目标也发生了变化，要培养德智体全面发展、又红又专的思想政治工作的专门人才。这一时期，高校在普法教育的背景下开展法制教育。在教学目标方面，以实现社会主义现代化建设为目标，开展有针对性的教育活动。"一五"普法规划、"二五"普法规划、"三五"普法规划分别提出大学生的法治培养目标是要普及法律常识、增强法制观念、增强法律意识。在机构建设方面，从 1977 年开始，教育部陆续恢复并重建院校，改革管理体制，简政放权，给予高校前所未有的自主权。在课程设置方面，高校开设共产主义思想品德课程，加强思想政治教育的宣传，通过设置思想政治教育专业来培养专门人才及工作人员。《关于新形势下加强和改进高等学校党的建设和思想政治工作的若干意见》中提出，将马克思主义理论课和思想政治教育课作为大学生思想政治教育的主渠道。明确高校法制教育的德育性质后，高校开始将思想政治课开设为选修与必修相结合的五门课程，"法律基础"课程作为法制教育的专业课程第一次被明确下来，并获得了制度保障。

这一时期法制教育以社会主义现代化建设为目标，在社会主义市场经济体制的改革和调整下，颁布了一系列行政法规，初步构建了学校法制教育体系。高校法制教育与社会普法教育在互动的过程中，共同推进了法制教育的发展，由注重法律知识传授转向重视学生法制观念培育和法律意识的提高，体现了国家对提高大学生法律素质的重视，为21世纪法制教育新发展奠定了坚实的基础。

3. 提高法律素质阶段

21 世纪初，国内市场经济加快发展，我国在激烈的国际竞争背景下提出了"素质教育"以适应社会需求和教育发展。在改革开放初期，学校法制教育体系初步建立，但是这种粗放式的体系暴露出了大学生缺乏一定法律素质的问题，亟须在依法治国和以德治国相结合的治理方略下完善高校法治法规教育，高校法制教育也由此进入提高法律素质的阶段。2004 年，《中共中央、国务院关于进一步加强和改进大学生思想政治教育的意见》中明确指出，大学生思想政治教育的任务之一是"以大学生全面发展为目标，深入进行素质教育"，并将"加强民主法制教育，增强遵纪守法观念"作为大学生素质教育的一项重要内容，适应了国家对于培养德智体美劳全面发展的社会主义事业建设者和接班人的时代要求。高校在"四五"普法规划和"五五"普法规划背景下深入开展法制教育活动。在教学目标方面，"四五"普法规划强调要提高公民和大学生的法律素质和全社会法治化管理水平，"五五"普法规划提出法制宣传的目标是要进一步提高大学生的法律意识和法律素质。在机构建设方面，进行大量招生，以公办教育与民办教育相结合的方式来扩充院校规模，并建立了中专、大专、本科、研究生、自考等继续学习的深造体系，迎来了法制建设的大发展。

在课程设置方面，《〈中共中央宣传部、教育部关于进一步加强和改进高等学校思想政治理论课的意见〉实施方案》中最明显的变化就是将独立设置的法律基础公共课与思想道德修养课程合并，帮助大学生树立法制观念，提升其法律素质和思想道德素质。

总的来说，这一时期学校法制教育体系日渐完善，不仅在教学目标、机构建设、课程设置中有巨大变化，在教材体系、师资力量等方面也逐步丰富。在激烈的国际竞争中，人才显得更为重要，使高校法制教育要进一步加强主流价值观的意识教育。更加突出高校法制教育对大学生的世界观和人生观的影响，有力促进了社会主义市场经济的建设。

4. 提高法治意识阶段

伴随着网络的快速发展，互联网已经成为意识形态的主阵地，为推进新媒体与思想政治教育的更好融合，开拓高校法制教育新视野，高校法制教育以社会主义核心价值观为指导，进入系统发展阶段。2008 年，在新的历史起点上开创宣传思想工作新局面会议提出，要把社会主义核心价值观体现到大、中、小学的教学中，与大学生思想政治教育深度融合，推动社会主义核心价值体系纳入国民教育总体计划，动员社会各方面共同做好青少年思想道德工作，强调了社会主义核心价值观在高校法制教育中的引领作用。在教学目标方面，"六五"普法规划强调"法制宣传教育是提高全民法律素质，推进依法治国，建设社会主义法治国家的一项重要基础性工作"。高校法制教育要在提高全民法律意识的基础上提高大学生的法律意识。在机构建设方面，其主要表现为深入推进依法治校、依法治教工作，加强校园法治文化建设。在课程设置方面，2006 年开始在全国普通高校开设"思想道德修养与法律基础"课程，相关统编教材正式出版，历经 2007 年、2008 年、2009 年、2010 年四次修订，思想道德修养部分的比重不断增加。

这一时期，在经历了金融危机的冲击后，以社会主义核心价值观念为引领加强法制教育，培养学生的道德自律意识显得尤为重要。高校法制教育不仅在课堂上进行教学，还与社会实践相结合，在校风、学风等方面逐步渗透，多维度提高大学生的法治意识。法制教育的实践成果渐渐垒成真正意义上的法制教育。我国在进一步推进法制教育的基础上，利用现代科学技术手段，培养面向现代化、面向世界、面向未来的人才。

5. 提高社会主义法制观念阶段

党的十九大以来，世界正处于大发展、大变革、大调整中，国际形势复杂多变，中国特色社会主义在这一背景下迈入了新时代，为适应国家法制建设进程，高校法制教育步入创新发展阶段。习近平提出要把立德树人作为教育的根本任务，培养德智体美劳全面发展的社会主义建设者和接班人。国家对法制教育高度重视，并将法制教育纳入国民教育体系和学校总体教育计划当中。《青少年法治教育大纲》等文件中强调了在学校教育中加强精神文明建设，做好社会主义法制观念引导的重要性。全国教育工作大会指出，法制教育要将优质教学资源引进高校，做到社会与高校之间的深度融合。新时代高校法制教育建设层层递进，在深入发展的同时也进行横向拓展。在机构设置方面，一方面，加强马克思主义学院建设，完善本硕博招生系统；另一方面，教育部支持高校思想政治课教师继续深造，实施人才培养方案。在教学目标方面，"七五"普法规划更加明确地将"推进法制教育与道德教育相结合"作为主要任务，强调要在高校中大力弘扬社会主义核心价值观，弘扬中华传统美德，提高学生的社会主义法制观念。在课程设置方面，考虑到课程内容要与中小学衔接，促进法制教育的波浪式前进和螺旋式上升，"思想道德修养与法律基础"作为必修课，教材经过多次修订，与我国社会主义法治进程相适应，突出强调新时代"基础课"教学中"思想道德修养"与"法治"有机融合的必要性。在师资队伍建设方面，习近平在思想政治理论课教师座谈会上指出"办好思想政治理论课关键在教师"，教育投入要更多向教师倾斜，建设高素质的教师队伍。

这一时期，全面依法治国战略深入实施，具有中国特色社会主义的法制建设逐步完善。国家对于法制教育的深度建设，不仅着眼于学校内部，更注重与社会各机制的有效结合。高校法制教育在实践中越来越细化、深化，与学生思想实际相结合，引导学生在理论与实践中形成社会主义法制观念和法治思维。

第三章　微时代及高校法治概述

随着现代数字信息技术、网络技术以及移动通信技术的广泛应用和不断更新，种种以"微"见长的信息传播方式飞速蔓延开来。

第一节　高校法制教育的微时代背景

仅仅几年时间，"微信""微时尚""微力量""微创业"等已经全面融入人们的日常工作、学习与生活之中，开启了一个全新的微时代。这些微事物在一定程度上悄悄改变着社会大众尤其是大学生的心理与思想状况，对大学生树立和形成正确的价值观和法制观，提升法治素养等都产生了深刻的影响。在微时代下研究大学生法制教育，我们首先要准确界定微时代的内涵，在此基础之上再了解微时代的特征及其他内容。

一、微时代的内涵

对于"微时代"的内涵的界定，学者从不同的视角和学科背景出发提出了不同的见解，虽然目前还没有统一的阐述，但在学术界还是出现了部分有影响力的观点。

武汉大学教授杨威认为，"微时代"已经不再是一个简单的技术术语，而是一个蕴涵着文化传播、人际交往、社会心理、生活方式等多种复杂语义的时代命题。"微时代"改变了人们传统的信息交流方式、人际沟通方式、文化表达方式、社会行动方式，向我们呈现的"微文化"是各种不同类型的亚文化。从量的方面而言，"微民"建构着"微文化"，这个群体的规模限制了"文化"辐射的广度；从质的方面而言，"微文化"的性质与主流文化有融合、平行和背离三种关系。同时，"微时代"人们的信息交流方式充满着情绪色彩，从而增加了信息传播的不确定性和不稳定性。"微时代"既是个体狂欢的时代，同时也是个体空前寂寞的时代，人们在微博里的诉说，折射出"微时代"人们精神世界的孤独。这种孤独从某种意义上体现了人们对高质量精神生活的巨大渴求。"微时代"人们的交往需求进一步强化。个体在微博上的独语，总是期望和预设着他人的回应，表明了被网络联结的同时也被网络隔离的个体对人际交往的深层需求。

浙江大学林群对"微时代"的界定为，"微时代"是以信息的数字化技术为基础，使用数字通信技术，运用音频、视频、文字、图像等多种方式，通过新型的、移动便捷的显示终端进行以实时、互动、高效为主要特征的传播活动的新的传播时代。进入"微时代"，各类移动便携的终端设备将大行其道，它们的体积将大大缩小，屏幕等信息展示框的面积将相应变小。信息接收或发送设备的体积将在一定程度上重新塑造受众的时空观。移动终端使人类的信息传播更加流动，也将传播时间分割得更加琐碎，人们会选择无聊与零散的时间来进行信息的传播或接收活动。对于接收者而言，接收信息、消化信息的时间非常有限，而信息容量与数量却异常庞大。这就要求信息生产者提供具有高黏度、冲击力巨大、可以在极短时间内吸引受众并提高受众阅读兴趣的内容。每一个手持移动终端的个体都是一个传播节点，相比之前，人们进行传播活动更加便捷、高效、平民化。"微时代"使人人在对话中实现决策参与，成为传播活动的主体，使传播的长尾效应更加明显。

西南大学周琪、罗川认为，"微时代"是以微信息、微媒介、微社区为主要形态的新网络空间。它以手机、掌上电脑等现代电子设备为依托，在网络系统中塑造"微支付""微创造""微阅读"等个人生活体验方式和思维方式。"微时代"个体的生活世界首先呈现为个体性，个体的生活轨迹、情感世界、价值观念等通过微博、微信等呈现给大众，个体可以自主发表言论陈述对自身及社会问题的见解与态度，追求与众不同的生活方式和个性特质。同时，"微时代"个体的交往需求进一步强化，个体在微博、微信上的言论不仅是其价值观、生活态度的自我流露，也期待得到他人的回应和关注，对与自己相一致的价值观念尤为期待，表明在网络生活中个体的个性超越了自身范围，渴望得到认同。

华东理工大学任福兵认为，作为网络时代的新阶段，"微时代"是以信息技术为基础，以短小精悍的微博、微信、微事件、微电台等自媒体作为媒介，综合运用音频、视频、文字、图像等，进行实时互动传播交流的信息时代，微博的出现成为微时代到来的标志。在"微时代"，人们通过网络论坛、新闻跟帖、微博、微信等表达自己对社会的意见、观点，其微语言、微行为、微传播及其微影响体现了主体独立性、内容即时开放性、影响深度互交性等特征。网民独立地以微形态和微行动呈现自我，以有效方式表现自身潜力，通过诉说获得认可和尊重。他们独立进行原创性报道新闻事件、讨论社会事件，使网络成为公民自我表达的场所，利用网络交流平台和自媒体的传播优势与功能，独立构建微型新闻媒体，从信息受众转变为信息播客，获得精英手中的传播话语权，颠覆了原有的信息传播模式。

中南财经政法大学成晓丽认为，"微时代"是指以微博为传播媒介，以短小精悍作为文化传播特征的时代。微传播是以微博为媒介的信息传播方式。以微博为媒介的微传播，是去中心化的裂变式多级传播模式，传播碎片化信息，借以实现自我表达、交往需求与社会认知。新的传播渠道改变了信息的传播方式。全民参与微传播造就了全民传媒时代。在微传播中，每个人都是自媒体，是信息的生产者和消费者。它与其他传播方式最大的区别就在于其草根性和自媒体性，任何人都可以通过这种方式来表达自己、呈现自己，任何人都可以充当信息的传递者。微传播正以不可阻挡之势发展，人们的微语言和微行为之间产生了相互的细微影响。

厦门大学沈培辉提出，互联网数字技术、手机 4G 技术得到进一步发展，以微博客、微信等新兴媒介为代表，人类的传播活动进入了全新的传播"微时代"。"微时代"是新兴网络媒体变革与创新的产物，它以数字化技术为基础，运用视频、音频、文字图像等多种方式进行更加广泛和快捷的信息传播。以微博、微信、QQ 等为代表的微传播媒介，具有内容短小精悍，传速速度快，传播者更加多元，交互性更强等特点。它们不仅可以在互联网终端使用，而且可以通过手机平台进行更为广泛和便捷的运用，实现更加实时、互动、高效的传播，并使人类传播活动的范围得到进一步拓展，突破时空的限制，进而将整个网络传播带入"微时代"。

4G 技术的发展把人从电脑旁解放出来，手机成为可以随身携带的"口袋"终端，网络如影随形，随时随地发布信息成为可能。信息的力量在于流动，随着信息从区域传播演化为全球流动，传播速度越来越快，传播内容越来越广，其影响力与驱动力也与日俱增。在微时代，网络传媒成为最快、最广的信息来源，人们的注意力几乎被网络控制了，无论看或不看，网络上都会自动跳出社会机构和个人发布的各种各样的信息，控制着人们对外界形势、事件等的判断和认知。

温州大学杨立淮和徐百成认为，"微时代"是包含一定的社会形态、生活方式、文化底蕴、人际交往、行为习惯等复杂语义的时代主题。"微时代"是"内容为王"的时代，丰富多样的信息和公共议题吸引着大学生群体的眼球，充斥着微博空间。微博既是私人话语的展示空间，又是公共舆论信息传播的平台。微博用户通过微博获取信息，也会针对不同的信息内容和主题，形成自己的评论性见解和观点，并把它及时上传到微博上。这些带有评论性的信息，经过整合、发展，最终汇集成为网络舆论。在微博上，具有不同价值观、精神信仰、生活方式的个体，通过即时信息与其他个体进行信息交换和传递。在传播过程中，每一个个体都是一个信息中心，每一条信息都可能引发共振和向中心聚集的效应，即具有相同或相似的价值观和行为方式的学生群体可能进行聚集，最终演化为群体行为和共同行动。

综上所述，在"微时代"的概念中，学者的界定处在动态发展过程中，虽然有一定的分歧和差异，但也有许多共识和相通之处。随着网络技术、移动通信技术的蓬勃发展，催生出更多"微媒介"，而移动网络的发展壮大加快了各种"微媒介"传播和使用的步伐。"微时代"的媒介除了拥有书籍杂志、报纸、广播、计算机、电视机、录像机、电话机、传真机、照相机等传播媒介的优点，是各种传统媒介性能的综合体，还因短小、精炼的主要特点最大范围、最方便快捷、最省钱省力地传播各类信息，运用音频、视频、文字、图像等手段交互式地进行网络传播，既不同于"点对点"的人际传播，也区别于"点对面"的大众传播，是一种伟大的尝试和创造。"微时代"的主要代表有大众所熟知的微博、微信、微文学、微电影、微公益等以"微"字冠头的传播载体，而本书立足于开创"微时代"局面的微博和处于鼎盛时期的微信，以其为主要研究对象，试图探讨高校大学生思想政治教育受到的影响。

二、微时代的特征

中国微时代的开创源于微博的兴起和发展，信息传播的速度越来越快，传播的内容越来越精炼，感情交流的方式越来越简单，信息的数量越来越庞大，阅读的范围越来越广泛，信息读取的时间越来越有限，产生信息的来源越来越多样，影响社会的事件越来越细微。从传播的过程来看，微时代大致有终端迷你性、内容碎片化、信息海量化、信息传播瞬时性、信息传播主体平等性与平民性、信息传播内容不完整性与非真性、交流隐蔽性、沟通交互性等特征。

（一）终端迷你性

2021年2月3日，中国互联网络信息中心（CNNIC）发布的第47次《中国互联网络发展状况统计报告》勾勒出了我们的网络"自画像"。截至2020

年 12 月，我国网民规模达 9.89 亿，手机网民规模达 9.86 亿，互联网普及率达 70.4%。其中，40 岁以下网民超过 50%，学生网民最多，占比为 21.0%。手机正在不断挤占其他个人上网设备的使用空间。进入微时代，人类对移动设备的小巧便捷性要求越来越高，各种轻便的移动终端在不断推陈出新，特别是手机和 4G 网络已经基本满足人们日常生活所需，大型的终端在逐渐减少，平板电脑和手机备受人们的青睐，能够在极短的时间内最大限度地获取信息，满足随身携带、随时查看的需求，使人们拥有更多的自由选择空间。

（二）内容碎片化

由于移动终端的迷你性，人们可以随时随地接收各种信息。现在的社会到处充斥着快节奏，到处都是人们忙碌的身影，再加上世界发展日新月异，如若不追随社会的变化将会很快被社会所抛弃。但是，信息数量的繁杂和庞大，促使人们仔细分类和甄别，而这些大多在日常生活中的闲暇时间来完成，导致信息的阅读和传播都比较零散、时间分割得更加琐碎，人们头脑中的观念、社会关系都被瓦解为一个个零散的内容和群体。首先，网络技术的广泛运用，使每个个体都可以成为信息的生产者和制造者，个性开始彰显，自我意识开始凸显，不需要长篇大论地发表意见，只言片语就可能成为网络的焦点。其次，碎片化的传播区分不同消费群体，因阶层的不同，生活方式相近、态度观念相似的群体更容易聚合在一起，群体再次进行细分，分为大量的小集体，带来"信息茧房"效应，这样就极大地弱化了传统的权威，产生许多偏激的思想。最后，这种碎片化表现在阅读信息无论是时间上的碎片化还是内容上的碎片化，都迎合了大众的阅读习惯，看似每天获取了丰富的信息，但留在脑海中的有效信息却寥寥无几。

（三）信息海量化

移动设备带给大众的便捷使人们更加乐于生产和传播信息，信息的制造者在不断增长，媒介终端在不断发展，网络技术在不断提高，这些都促使信息传播速度的提升。截至 2020 年 6 月，我国域名总数为 1915 万个，其中".CN"域名总数为 1065 万个，占中国域名总数比例达到 55.6%；".中国"域名总数达 28 万个。截至 2020 年 6 月，我国网站总数为 273 万个，".CN"域名下网站数为 127 万个。人们每天能够搜索到的图片总量大约有 100 亿张。导致人们对信息的阅读已没有了原来的耐心和精力，冗长的文字常常被人们所忽视，大篇幅的文章和视频已经不合时宜，"重要的事情说三遍"，重要的信息需要重点标注出来。人们越来越喜欢"快餐式"的阅读方式，消息的发布者都用标新立异的标题来吸引大众的眼球，即所谓的"标题党"。在这种浮躁的社会中，娱乐化的信息最能使网民释放压力，娱乐信息充斥着整个网络，各种娱乐节目纷纷成为收视的冠军。

微时代的到来改变了人们的工作、学习和生活方式，一切都变得越来越多姿多彩，而且与众不同。然而，随着社会的不断进步和发展，微时代也逐渐呈现出积极与消极两个方面的特征。

（四）信息传播瞬时性

在微时代，信息传播的速度相当快，瞬时性成为这一时代区别于其他时代的最鲜明的特点。由传统媒体发布的新闻信息，无论是通过报纸、广播还是电视都需要经过专业人员非常严格、相当复杂地筛选、编辑、校对、审查，而且信息的发送常常会受到排版、印刷、运送、发行等种种客观因素的限制，这些信息到达社会大众手中后很可能由"新"闻变成"旧"闻。在微时代，所有人都能借助微博、微信等平台即时发表自己想要传递的信息。比如，国家党政机关可以使用微博、微信等公众平台向人民大众即时发布公共信息；学校或者教师也可以向家长和学生即时发布相关的教育信息；社会组织或团体能够即时发布一些工作和社会实践活动相关方面的信息；商家也能够向其他商家或者广大消费者发布一系列商业信息；个人更能够即时自主发表个人生活、学习与休闲娱乐方面的信息等。而且这些信息不仅能在同一平台上进行快速传播，甚至还能在不同的平台上进行传播。通过微博、微信等一系列的平台，任何人都可以在新闻第一现场拍照片、拍视频或者编辑简短新闻上传，对事情的发生与发展进行直播。这样不仅仅能让公众在第一时间掌握第一手资料，及时了解事件的进展，而且使事件得到了及时更新与迅速扩散，提高了信息的关注度，增强了信息的影响力。

（五）信息传播主体平等性与平民化

报纸、广播、电视等传统媒体由于受政府掌控，其所发布的信息必须经过专业人员筛选、审核，话语权不是全民所有的，而只是为某些精英阶层所特有，话语权被垄断。因此，信息的发布者与受众之间在一定程度上显现出不对等性。在微时代下，微博、微信等平台的准入门槛比较低，机会几乎平等地向所有人开放，为社会大众提供了一个平等的发布信息以及表达意见的舞台。任何人都可以通过这些平台充分自由地表达自己的观点和主张，畅谈世间百态，展示丰富多彩的生活，传递真挚的人类情感。在这样的一个传播过程中，人人都是信息的制造者和传播者，精英阶层的主导地位渐渐被削弱，草根人物异军突起，信息传播更加趋于平民化。身处微时代之中，每一位社会大众都可以使用微博、微信，成为新闻第一现场的编辑或记者，信息内容可以是对新闻现场的真实记录，可以是自己对时事新闻的观点、看法或评论，可以是增添生活乐趣的一则冷笑话，也可以是自己此时此刻的所见、所闻、所思或所想等。如"幽默一刻"以娱乐大众为宗旨，经常就会发一些段子、冷笑话或者趣闻趣事来让你"轻松快乐每一天"。每一个人都可以当导演，无须专业的演员和设备，无须完整的结构和优雅的文采，就可以拍出一部或幽默、或励志、或青春、或感人的微电影。

特别是十九大报告提出要激发全民族文化创新创造活力，更为微电影、短视频的创作提供了良好的支持。由于微电影、短视频创作灵活性强、门槛低，贴合当下大众的接受方式和审美品位，因此，一股微电影热悄然兴起。对普通百姓来说，当导演、拍电影，曾是遥不可及的梦想。但在微时代，只要你有一点创意，就能通过镜头与影音表现最真实的万千世界，这也成为重要的表达和传播手段。最近几年，大批优质的微电影不断呈现，而且广为传播，反响热烈。不同类型的微电影迅速爆红，造就了低成本拍电影的神话，实现了无数草根拍电影的梦想。

（六）信息传播内容不完整性与非真性

进入微时代，随着生活节奏的日益加快，人们为了能在最短时间内获取种类繁多、数量庞大的信息，常常会选择使用零散的时间来接受短小、精炼、细碎的信息。对于所接收的信息了解肤浅、囫囵吞枣，犹如过眼云烟，没有进行深入学习、消化和吸收。无论是在教室、食堂、寝室，还是在公交、地铁、电梯，甚至是在大街小巷，你都会看到成群的"低头族"正在不亦乐乎地"刷微博""刷微信"。在微时代下，人们常常使用虚拟的身份在虚拟的空间里学习、交友、购物，随意发布或接收信息。在信息交流和散布的过程中，由于信息的发布者与受众缺乏专业素养以及强烈的责任感，缺少专业的、严格的审查，而且没有各种法律法规以及道德的强力约束，信息的发布、转发都带有随意性，最终容易导致信息真伪难辨，更容易以讹传讹。不知道从何时起，各种谣言满天飞，充斥着我们的朋友圈。特别是在 2020 年，许多关于疫情的谣言散布，如"吃大蒜、喝高度白酒可以消灭新冠病毒，效果胜过其他防疫用品"。而真相是目前没有任何特定食品能帮助人们抵抗新冠病毒。因此无论是大蒜还是白酒都杀不死新冠病毒。我们常说的酒精消毒指的并非是饮用酒精饮品。喝到胃里的酒进入的是消化系统，而新冠病毒感染的是呼吸系统。

面对这些真真假假的复杂信息，很多人抱着宁可信其有不可信其无的心态加以传播和扩散。这些信息非常容易造成大众的恐慌心理，引起了严重的思想混乱，在一定程度上影响社会稳定，损害国家形象，甚至有些会危害和平友好国际关系的建立与发展。面对真假难辨的信息，切莫"微"言耸听。

（七）交流隐蔽性

网络本身就是巨大的虚拟空间，交流的双方丝毫不知道对方的真实资料，因此，网络上盛行一句话："你不知道在网上和你聊得津津有味的是人还是狗。"以幽默风趣的方式形象地表达出人们在网络交流过程中的尴尬和顾虑。在微时代，信息的发布者和传播者可以是所有大众，而发布和传播的过程又可以轻松隐匿自己的身份，甚至可以屏蔽某些特定的群体，增强信息双方的安全感，深受大家的追捧，给本不安全的网络平台带来独立的私人空间。另外，人们在表达不同内容时扮演不同的自我，错失与亲人的交流机会，也逐渐削弱了现实生活中人与人沟通的能力，很容易让许多人迷失在这个庞大的虚拟空间之中。网络交流有时并不是在拉近人与人之间的距离，相反，它在疏远人与人之间的现实情感距离。此外，信息发布的隐蔽性也给舆论监管部门带来巨大的难题，给网络暴力的渗透和蔓延提供了土壤。

（八）沟通交互性

这里的交互性不是计算机信息技术领域中的人机交互性，而主要指信息传播双方之间的交互性。交互性是互联网产生之后就具有的特征，而微时代把这种特征表现得更加鲜明。传统媒体（如报纸、杂志、电视、广播等）都只是信息单方面的传递者，而且传输的内容和时间受到严格限制，防止接收的群体和范围的扩大。互联网的产生使人们可以通过网络终端即时接收信息传播者发布的内容，也可以轻松编辑文字或图片传送信息，已经由"一对多"的传播方式转变为双向交互式的无障碍沟通，信息之间的交流更加简单、便捷。在微时代，移动终端的使用使信息更加简短、精炼，人与人之间的对话更加平等自由，媒介之间的传播方式更加复杂，传播途径更加多样，这些都进一步突出了沟通的交互性。

三、高校法制教育迈入微时代

（一）迈入微时代是时代所驱

进入 21 世纪，科技带给人类的进步有目共睹，互联网的发展和移动网络的建立改变着人类的生活方式，手机已经成为人们生活中信息传递和人际交往的工具，各种微媒介顺应时代的召唤应运而生。2009 年新浪微博上线之后，这个独特的新生事物就成为中国网民的福音，大家欢欣鼓舞地接纳它，其迅猛发展之势不可估量。许多高校大学生纷纷注册微博，刷微博正在改变高校学生的生活模式，无论是微博覆盖率还是活跃度都超越以往的传统媒体。2011年，腾讯推出了应用程序——微信，其公众平台、朋友圈、消息推送、摇一摇、附近的人、扫二维码等功能冲击人们的认知，改变了人们的生活习惯。之后，各种以"微"字冠头的新媒体就像雨后春笋般涌现。各种微媒介自诞生之日起就广受大众的追捧和喜爱，其低门槛和便捷性吸引了大批使用者，人们逐步走进话语狂欢的时代——微时代。

微时代以微博、微信的开发为代表，促进了网络社交的迅猛发展，使信息共享越来越便捷。高校法制教育是其党建工作的重要组成部分，是大学生健康成长的重要环节，是培养中国特色社会主义事业接班人的根本保障。微时代已经逐步走进网络大众的生活，影响着每个人的思维习惯和表达方式，为大学生提供了更为快捷的信息获取和交流的通道，同时也是高校开展法制教育亟待解决的重要课题。它既可以成为高校法制教育快速发展的微时代，也会使高校法制教育沦为难以控制的"危"时代。微时代就像一把双刃剑，高校需要认真分析它所带来的影响，在开展法制教育活动中尽量避免其消极的作用，规避不利的影响，发挥积极的作用，推动高校法制教育朝健康向上的方向发展。微时代悄然改变了网络大众的生活方式和思维习惯，高校法制教育面临严峻的挑战，结合中国互联网络信息中心发布的系列报告和高校法制教育的实际情况来看，创新法制教育路径已经成为当务之急。大学生具有接受新鲜事物快、彰显个性自由、民主意识日益增强等特点，是微时代最直接的受益者、体验者和传播者。高校法制教育应该随着时代的进步而不断调整，由传统的自上而下单线灌输教育过程转变为教育主客体之间双向传播的互动过程，充分利用微媒介发展的契机。改变法制教育的信息传播方式，为高校法制教育开辟新途径，提升高校法制教育的效果。教育者需要转变教育理念，学生需要提升媒介素养，学校需要加强监督管理，法制教育需要创新发展模式，使高校法制教育在新形势下得到更好的发展。

中国互联网的发展速度令人惊叹，已经经历了信息共享、信息共建、知识传承、知识分配等阶段，人类对交往速度和方式的巨大需求是互联网不断发展更新的催化剂，手机网络通信设备则是微时代空前发展的助推器。互联网的迅猛发展造就信息的极大繁荣，人们几乎每天都被海量信息所湮没，因此，短小精炼的信息深受网民的欢迎，微时代已潜移默化地改变了我们的生活方式、社交关系和思维模式。微媒介已经成为大学生生活中必不可少的工具，部分大学生沉迷其中不可自拔，网络中多元文化相互交织，复杂多变的社会环境影响着高校法制教育。大学生应该有目的地提高安全防范意识、信息媒介素养、文化自觉意识、自我调控素质、自我教育意识等，努力构建丰富多彩的校园文化。高校法制教育面临着开阔认知视野、拓宽交往空间、乐于抒发情绪等机遇与过度依赖手机、造成认识偏差、降低信息主导等挑战。因此，高校法制教育应该创新教学载体，善用"微"宣传话语，开展"微"网络活动，实现法制教育的与时俱进。在新时期，高校法制教育的教育主体、教育客体、教育介体、教育环境都产生了较大的变化，面对新形势与新任务，法制教育需要进行开拓创新，适应现代社会的发展和现代人的发展需要，加强法制教育的渗透力和影响力。

（二）微时代高校法制教育面临的新情况

高校法制教育的传播媒介最早为口耳相传的方式，人们在繁衍过程中通过代际的言传身教使各种社会规范代代相传。文字是人类的伟大发明，打破了时空的限制，增加了信息传播的容量，法制教育的体系逐渐形成，文字媒介在法制教育发展史上具有里程碑的地位。中国四大发明的印刷术给传播媒介带来了新的福音，人类在思想传播交流史上突破人际传播的困境，以报纸为代表的印刷媒介开启法制教育大众化的新局面。电子媒介对法制教育的发展是又一次革命性的创造，其直观性、时效性、渗透力等优势凸显。

微时代作为高校法制教育发展的新时期，在理念、内容、方法等方面需要进行新的探索，促使法制教育取得新成效。

1. 法制教育新理念

（1）平等意识

微时代信息传播者的不确定性决定了法制教育的话语权开始趋于平等，"一言堂"已经不适应新的形势。沟通的交互性打破法制教育者的绝对主导性，政府和高校的舆论地位在一定程度上被弱化，实现教育者和受教育者双方平等的多维交流。首先，这源自获取信息的地位平等，只要拥有网络和终端，任何人都可以从互联网上得到相同的信息，网络成为受教育者汲取信息和知识最畅通的渠道。其次，这在于发布信息的平等性，受教育者改变了传播的被动模式，每个人都是自媒体，消除法制教育双方的隔阂，有利于提高法制教育的有效性。因此，高校法制教育者必须转变观念，平等对待每一个受教育者，改变居高临下的态度和思想。

（2）民主意识

网络社会中的大众更加善于表现自我，乐于表达思想，彰显个性。因此，民主的氛围能够提高法制教育双方交流的深度和广度，能够提升受教育者参与集体活动的积极性，激发大学生的能动性和创造力。民主社会离不开民意的表达，越是宽松、自由的环境才能得出最真实的民意结果，这是社会问题的晴雨表。高校法制教育者需要尽可能地给予受教育者更广泛的民主空间，借助网络的开放性、平等性掌握更多的民情民意，有针对性地处理好亟待解决的问题，防止校园危机和突发事件的爆发，培养法制教育双方的民主精神。

（3）交往意识

在马克思主义视域中，实践是核心概念，人与人之间的实践即交往实践。在传统法制教育中，片面强调交往实践的工具价值，忽视交往实践必须是双方互动的结果，忽视对受教育者的人文关怀。互联网的发展给人们带来新鲜的交往感受，对话模式就此展开。交往双方可以畅所欲言，快速找到志同道合的精神伙伴，互通有无，思想上不断碰撞出火花，心灵上不断得到融合。法制教育者需要看到受教育者的新变化，主动出击，沟通无间隙，交流无障碍，在网络上与受教育者进行有目的、有计划、有组织的深层次交往才能够增强法制教育的实效性。

（4）包容意识

微时代的信息呈现海量化的特征，必然存在诸多非主流的声音，必然受到文化多样性的影响，高校教育的权威地位受到挑战。法制教育是主流意识形态的维护者和建设者，用于保证党和国家的领导权和话语权，如何在庞大的信息海洋里维护主流文化的舆论地位，这给高校法制教育者提出了不小的难题。一方面，法制教育者要顺应时代的潮流，兼容并包，倾听来自草根的呐喊，给社会舆论带来新鲜的血液。如果一个国家的网络"鸦雀无声"，那才是最危险的事情。另一方面，法制教育者还必须提防腐朽、落后、反动的言论传播，在纷繁复杂的信息资源中剔除不良的网络信息，净化受教育者的成长环境。

（5）服务意识

高校法制教育的根本目的是提高人们法治意识，促进人的全面发展。因此，教育者必须具备服务意识，帮助受教育者更好地成长、成才、成人，形成良好的世界观、人生观和价值观，解决其生活中面临的疑惑和难题，抑制其不良情绪的产生，调节其心理的压力和精神状态。当网络谣言兴起的时候，教育者要能够在第一时间避免谣言而导致的误解和不安，服务大众，服务社会。受教育者的判断能力、反思能力、主动参与能力一旦提升，完成受教育者从内化到外化、由他律到自律的转变，受教育者就会成为新的教育者，具有正能量的网络意见领袖的培养将开启法制教育的新篇章。

2. 法制教育新内容

时代在发展，社会在进步，人的素质在提高，要发挥高校法制教育的最佳功能，法制教育的内容必须不断更新。除了中国特色社会主义核心价值体系之外，微时代还要求法制教育重视新的教育内容，包括媒介素养教育、网络安全教育等。

（1）媒介素养教育

传播学大师麦克卢汉曾说过："传播媒介是我们人类意识的延伸，意识则是我们个人能量的固定资产，它塑造了我们每个人的认知经验。"他得出"媒介就是信息"的著名结论。在麦克卢汉看来，媒介是最重要的存在，而信息则是次要的内容，媒介本身就包含许多信息，必须从媒介出发才能够真正读懂信息。在当代，较为合理的媒介素养结构应当由媒介认识能力、媒介使用能力、媒介批判能力和媒介创造能力四个部分组成。媒介素养是人综合素质的网络表现，它离不开思想政治教育，传授关于媒介的知识、文化、思维方式、综合分析能力、价值观等。

微时代的受教育者既是信息的发布者，又是信息的接收者，除了享有一定的权利，还需要承担相应的义务。高校法制教育者需要加强网络信息传播的责任，提高媒介素养。首先，法律法规是信息传播者必须要遵守的规范。在国家层面上，网民不得危害国家安全、蔑视社会制度、煽动民族仇恨、鼓动社会动乱、泄露国家机密等。在社会层面上，网民不得公布和转载假的或未经证实的消息情报、不得侵犯他人的个人隐私、禁止粗暴地贬低他人的名誉和尊严、禁止造谣中伤和侮辱诽谤他人等。其次，每个网民都应该意识到自己是网络媒介中的一员，对所接收的信息要能够进行辨别，区分真伪、好坏、主次、轻重，在传播的过程中对内容有所把控，形式要适当，负责任地为大众谋利益，尽可能地做到客观、公正、全面报道，不浮夸、不造谣、不武断，同色情、暴力、虚假信息和欺诈行为做斗争，真正承担起保持社会健康、维护社会稳定、促进民族和谐与保障人民团结的责任。总之，高校法制教育需要适应时代的新变化，拓展法制教育的内容，把媒介素养教育纳入法制教育体系，开展形式多样的法制教育活动。

（2）网络安全教育

微时代是开放的时代，也是充满各种挑战的时代。目前，国内与国际形势变化复杂，不同价值体系思想文化的交流不仅会相互融合，也会带来一定的冲突，微博、微信等媒介传播速度加快和影响范围扩大，高校法制教育面临许多新任务、新课题，其中之一就是网络安全教育。大学生处于容易接受新鲜事物的阶段，微时代的各种媒介正好满足他们的好奇心，由于他们缺乏人生经验和社会阅历，网络安全意识普遍淡薄，对于网络安全的法律法规知之甚少，网络信息识别能力不强，网络维权意识不强，网络自控能力较差。

大学生是微媒介庞大的使用群体，但因其世界观、人生观和价值观正处于初步形成阶段，在环境复杂的网络世界中容易受负面信息的影响，面临道德迷惘、价值紊乱、信仰迷失等问题。

首先，一些西方资本主义国家利用互联网的便捷性和即时性，宣扬资本主义价值观，导致一部分大学生的爱国主义思想和民族主义观念产生动摇，这对中国特色社会主义道路提出严峻的挑战。高校教育者需要勇于担负起重担，在网络中加强法制教育的宣传，坚决抵制危害国家和社会的言论，使大学生免受这种思想侵害。

其次，一些大学生没有注意网络安全信息的习惯，对个人数据保存不周，导致泄露真实资料、个人隐私、日常照片、联系方式、家庭地址等，商家通过网络邮件、垃圾短信、陌生电话等方式向大学生发布各种信息，甚至犯罪分子利用大学生毫无保留、畅所欲言提供的信息获取其信任而展开一系列的犯罪活动。大学生在无线网络的使用过程中也容易遭遇木马和病毒的侵扰，很多大学生为了节约生活成本，在存在安全隐患的免费无线网络中进行网络社交和网络购物，导致银行账号、信用卡密码被人盗取，造成经济损失。

最后，由于部分大学生的心智还未成熟，自我控制能力还比较差，再加上宽松的校园生活使他们容易沉迷于虚拟的网络空间和网络游戏中。大学校园带给大学生从未有过的自由，日常生活、社交、学习、课余时间在很大程度上由自己决定，虚拟的网络世界成功地充当大学生业余消遣的途径，丰富的网络内容诱惑着大学生，色情、暴力的网络信息不断侵害大学生的身心健康，简单的网络社交形式推动大学生脱离社会和现实，目不暇接的网络游戏充斥在大学生的日常生活中，使其深陷其中不能自拔，严重影响大学生日常的学习和生活。高校法制教育需要解决大学生所面临的困惑和难题，帮助他们免受侵害，涉及网络安全的教育势在必行。

3. 法制教育新方法

高校法制教育方法必须有新的发展，适应新的社会，跟上新的形势。方法是解决问题的明灯，传统法制教育在向现代化高校法制教育转变的过程中，现代信息化的手段要充分运用，改变法制教育面貌，创造法制教育富有创新性的新时代。

（1）自我教育方法

从教育产生开始，自我教育便相伴而生，古今中外许多学者都认识到自我教育的重要性，它在人类教育的发展过程中是一种极其重要的教育方法。自我教育不仅是一种方法，更是一种教育理念。教育应是他我教育和自我教育的结合，不仅使人获得知识，更要把知识变成个体内在的品质。自我教育是开放社会的必然选择。随着知识经济的发展和信息化步伐的加快，特别是计算机网络化的迅猛发展，在有史以来最开放、大众传媒最发达、价值观念冲突最显著的时代，信息社会具有信息量大、传播速度快、影响范围广等特征，使现代教育不会是像过去那样的无选择或很少选择的灌输教育，传统教育模式受到质疑和挑战，为自我教育的发展提供了可能。高校法制教育中的受教育者既是教育的客体，也是教育的主体，需要在教育者的引导下进行积极主动的理解和吸收，再外显为自身的行为。这种理解和吸收本身就包含受教育者的自我教育，没有受教育者的自我教育，教育者传递的信息就无法成为受教育者的知识体系。因此，教育和自我教育是相互影响、相互作用、相互制约的有机统一体。

现代科学技术的发展为自我教育创造了良好的学习环境和便利的外部条件，也拓展了高校法制教育的形式。此时的受教育者不只是直接面对教育者，更多的是面对各种丰富的高校法制教育信息和资源，依据自身的兴趣和需求，自由选择适合自身发展的内容进行学习，实现学习的能动性和自主性。

总之，高校法制教育要重视对受教育者的自我教育，这是促使受教育者积极性、能动性充分发挥的最好途径，是彰显高校法制教育成效的最直接体现。

（2）网络"三育人"法

网络"三育人"法是指高校法制教育工作者借助网络平台，融合大学生的教育、服务、管理于一体，做到教书育人、服务育人与管理育人，实现全面育人的目的的方法。

第一，教书育人要求提高教育者的网络素质和加强教育者的队伍建设。高校法制教育必须对症下药，选择适当的方法有事半功倍的效果。微时代受教育者都在使用新的传播媒介，而目前许多高校教师还未开设自己的微博或微信，法制教育者忙于自身的教科研活动和日常生活，而无暇学习新的网络技术，导致法制教育出现一定的真空。方法是连接理论与实践的桥梁，高校法制教育要运用最新的科技成果，熟练掌握网络技术，丰富法制教育载体，实现高校法制教育手段的现代化。这就要求学校加快网络文化队伍的建设，开展相关知识培训和实训，培养一批教师骨干力量，强化网络管理队伍，找准法制教育与微时代的契合点，建设一支政治强、业务精、纪律严、作风正的法制教育队伍。他们不但能够在课堂上熟练运用新的教学手段，也可以课后在网络上关心受教育者的生活状况和心理变化。

第二，服务育人是高校法制教育在新形势下的网络延伸。微时代要做好高校法制教育工作，需要树立新的服务意识。科学技术的发展在给社会带来生产力水平提高的同时，也会导致科技至上主义的滋生，引发人类的道德危机。因此，高校法制教育者要积极介入新的空间和群体中，开设内容积极向上的网站，发布大学生喜闻乐见的信息，运用生活直观的图片、视频、音频等，拉近与受教育者之间的距离。以社会主义核心价值观为主要内容，大力弘扬中华民族优秀文化，创新宣传途径和方式，用最新的理念、最完善的服务、最丰富的内容来吸引大学生加入法制教育的阵营中。

第三，管理育人是通过网络监管思想政治教育的反馈和调节方法。信息反馈对高校法制教育来说至关重要，它直接反映受教育者的思想状况，检测教育决策的执行情况、法制教育的进行效果，因此，能够掌握法制教育的反馈结果就能够反映高校法制教育的实效性。但是，由于微时代受教育者之间的交流具有隐蔽性，高校教育者在掌握受教育者思想情况时面临不小的难题，不利于其做出正确的法制教育决策。这要求教育者要能够及时、快速、准确地掌握教育的实际情况，透析问题的本质，经过去伪存真、去粗取精、由此及彼、由表及里的加工过程，杜绝"报喜不报忧"的思想，客观真实地反映事实真相，让高校法制教育充满活力和生命力。

总之，高校法制教育需要跟随时代的发展步伐，整合法制教育的方法，形成信息化、立体式、双向互动的法制教育模式。

第二节　高校法制教育概述

一、高校法制教育与相关概念

高校法制教育与法制教育、法学教育具有不同的概念指向，对三者进行概念区分有助于完整呈现高校法制教育概念，进而也将有助于规范高校法制教育的实践。

（一）高校法制教育与法制教育

高校法制教育与法制教育（或法律教育）大多数针对的是大学中的非法学专业的学生，以及中小学学生。但是二者具有鲜明的概念区分，这涉及法治与法制的联系及区别。法治与法制是一对具有包容关系的概念。法制是一种静态的概念，意指由国家立法机关、司法机关及行政机关制定或认可的法律及其他规范性文件所组成的法律制度；而法治则是一个动态的概念，其是指国家通过立法、执法、司法及守法等过程，实现国家权力与公民权利合理配置的社会状态。因而，法治的范畴更为宽泛。首先，法治的基础是法制，法治必然要求国家具备较为完善的法律制度；其次，法治是"良法之治"，其要求国家法律制度既符合明确性、公开性等程序性特质，也要满足公平、正义的实质性要求；最后，法治是动态的概念，其不仅要求人们服从法律的规定，还要求人们信仰法律，树立法治思维，并积极行使权力，形成限制权力的社会维度。

法治与法制的上述区分决定了高校法制教育与法制教育是两个层面上的概念。一方面，法制教育的重点在于向学生讲授静态的法律条文、法律知识或法律制度，如有关宪法、民法、刑法、诉讼法等法律制度以及教育文化法律制度等内容。法制教育注重对"书本上的法律"的阐释与传授。另一方面，高校法制教育除了需要向学生讲述具体的上述法律知识外，更强调对学生的法治理念、法治精神、法治态度以及法治信仰的培育，帮助学生树立法治思维。高校法制教育注重将"书本上的法律"转化为"生活中的法律"，使学生对法治的认知超越法律作为社会规范这一层面上的理解，进而认可法律的权力本质，对法律形成内在尊崇，并善于利用法治思维处理生活中遇到的实际问题。

可见，同强调普及法律知识的法制教育相比，高校法制教育的内涵显然更为丰富，知识层面上的法条内容与精神层面上的法治思维、精神、方式都是高校法制教育的重要内容。

（二）高校法制教育与法学教育

高校法制教育与法学教育的区别应当从教育对象、学科门类以及教育方式三个方面进行把握。

首先，高校法制教育的教育对象是中小学学生以及高校中非法律专业的学生。法学教育的教育对象则具有明确的专业性：狭义上的法学教育是指大学法学专业的教育，这一层面上法学教育的教育对象是大学法学专业的学生；广义上的法学教育的教育对象则是指学习或从事法律专业的人士，他们经过严格的训练后将成为为国家服务的法律专业人才。

其次，高校法制教育属于通识教育，通识教育是旨在为受教育者提供能够通行于人际间的知识与价值观的教育，如文学艺术教育、历史文化教育等。通识教育没有专业的硬性划分，它为学生提供了自由多样化选择，它超越了实用性与功利性，旨在培育受教育者独立的人格与思想。高校法制教育的目的并非是将学生培养成法律专业人才，而是提升学生的法治素养，使其具备现代法治社会所要求的规则意识、人文关怀、包容思想与批判精神。因此，高校法制教育对法制层面的精神气质的关注要多于对具体的法律条文的重视。法学教育则属于专业教育，其目的就是通过严格的专业训练，帮助部分专门学习或从事法律专业的人员具备精湛的法律技巧与浓厚的法治素养，从而成为能够直接服务于国家法律工作的法官、律师、法学家或其他法律相关从业人员。

最后，高校法制教育隶属于通识教育的现实决定了其教育方式更为柔和、更具启发性、引导性特质，因为高校法制教育本质上属于知识普及活动，所以其不需要像法学教育那般进行专业的讲解和严苛的法律素质训练，通常是以能令学生接受的程度对其进行必要的法条讲解、案例分析以及法理说明。法学教育其宗旨在于培养专业的法律人才，因而教育方式更加严格、专业且持久，进而最终确保经历了法学教育的人士能够以扎实的法律知识为基础，迅速、有效地解决在实践中遇到的法律难题。

二、高校法制教育的内容

高校法制教育的内容是高校法制教育概念问题的延伸，高校法制教育内容的合理与否也直接关系到高校法制教育的目标能否取得预期成效。通过对高校法制教育的概念界定得知，法律知识教育、法制实践教育与法制思维教育构成了高校法制教育的内容。

（一）法律知识教育

包括法律条文、法律制度等静态内容在内的法律知识是高校法制教育的首要及基础性内容，对上述内容的掌握，将会为学生参与法制实践并形成法制思维奠定坚实的理论基础。教育部、司法部、全国普法办于 2016 年 6 月 28 日联合印发了《青少年法治教育大纲》，高校法制教育应根据大纲的要求确定针对不同年级学生的不同教育内容。

小学低年级学生应认知国家象征及标志，初步掌握国家、国籍、公民的概念。小学高年级学生应建立对宪法的法律地位和权威的初步认知，初步了解公民的基本权利和义务，简要认知重要民事权利，初步认知未成年人能够理解和常见的违法犯罪行为及其危害和要承担的法律责任，初步了解国家的司法制度。

初中生应进一步深化宪法教育，了解国家基本制度，了解民事法律活动的基本原则，加深对社会生活中常见违法行为的认知，了解犯罪行为的特征、刑罚种类，初步认知罪刑法定、无罪推定等原则及正当防卫、紧急避险等概念，初步了解我国司法制度的基本原则。

　　高中生应了解我国社会主义法律体系的构成，加深对宪法的地位、功能和价值的认识，理解民事活动的基本法律原则和核心概念，了解与生活密切相关的行政法规中的重要规则，理解刑法的运行规则，了解犯罪构成以及罪刑法定等基本原则，了解诉讼制度的基本原则，了解人民法院、人民检察院的机构设置与职能，了解国际法的基本原则。特别需要指出的是，当下，青少年犯罪是各国均面临的难题，因此，关于预防青少年犯罪的内容是包括初中、高中在内的重点教育内容。

　　高校非法律专业的学生应当系统掌握中国特色社会主义法学理论体系的基本内涵，掌握法治国家的基本原理，了解法制的政治、经济、文化、社会和国情基础，掌握宪法基本知识，了解我国法律体系中的基本法律原则、法律制度及民事、刑事法律，行政法规等重要的、常用的法律概念、法律规范。

（二）法制实践教育

　　实践教育是法律教育骨骼上的肌肉。作为法律教育的上位概念，高校法制教育必然也离不开实践教育。法制的动态特质和人文特征决定了其归根到底是一个实践的概念，单纯的法律知识教育会让法制教育丧失生活的底蕴，从而导致教育的空洞化。所以，实践教育是法律知识教育的有效补充，这一教育有助于培育学生的法律主体性认知与责任感，并进而使学生加深自身对法律基础知识的了解，提升其运用法律知识分析、解决实际问题的能力。有学者对此指出："只有懂得社会生活的真实情形，才有可能理解法律何以产生，何以发生作用，才能思考如何通过法律改变社会生活。"在具体内容上，教师可带领学生积极参与社区法律服务与公益法律宣传，组织班级开展模拟法庭，提升学生实际运用法律条文的能力，利用部门开放日带领学生参观法院、检察院等司法机关，或者组织学生参与法院的庭审。值得一提的是，为深入贯彻党的十八届四中全会精神，根据中共中央、国务院转发的《中央宣传部、司法部关于在公民中开展法治宣传教育的第七个五年规划（2016—2020年）》提出的"加强青少年法制教育实践基地建设"的要求，2016年，教育部等七部门发布了《关于加强青少年法制教育实践基地建设的意见》。据此，高校及教师应当积极协助政府教育部门建立学生实践基地，促进学生在课堂学习与基地实践的双重道路中，树立正确的法制观念，深切感悟到法制的重要性，强化自身的维权意识，培养有效抵御违法行为诱惑的意识与能力。

（三）法制思维教育

法制不在于公民对法律条文、法律概念有多么深刻的记忆，而在于将法制意识、法制观念变成自己在日常生活和学习中的行为准则。因此，高校法制教育不仅应当注重规范层面上学生对法律条文的掌握，更应注重促使学生树立法律信仰，认可法律价值，形成法制思维，并运用这一思维分析研判社会问题。高校法制教育不是让学生死记硬背法律知识，变成盲目服从法律的机器，而是要帮助学生理解法律的目的和意义，既遵守法律，也能够独立思考法制的意义，懂得如何运用法律捍卫自身权利与自由。有学者针对传统的法制教育指出："我们非常重视法律规则及其体系的建构，然而对法制思维的研究与训练不够重视，以至于在有了社会主义法律体系以后，出现了一些人（甚至包括一些法律人）不能很好地理解、解释和运用法律的现象。"这一现状需要由高校通过持久的法制思维教育予以改变。所谓法制思维就是指公民信仰法律、崇尚法制，并积极运用法律思考问题、解决问题的意识。法制思维教育主要包含以下四项内容。

第一，合法性思维教育。在法治国家，法律拥有最高的地位，因而，法律是评判行为正确与否的最终标准。合法性思维要求包括学生在内的全体公民对法律抱有敬畏之心，将法律作为自身的行为准绳，确保行为的目的、权限、手段以及内容都符合法律的规定。

第二，公平正义思维教育。公平正义是法制的核心价值诉求，是具有较高位阶的法制理念。法制的目标是通过良法之治，推动权力和权利实现合理配置，从而实现全社会的公平与正义。公平正义思维教育就在于激发公民对公平与正义的心理诉求，提升自身的社会责任感，勇于并善于通过法律的方式维护社会公平正义，这是现代法治社会公民应有的精神风貌。

第三，权利意识教育。在马克思主义法学视域下，法律是一定社会经济关系的权利表现或权利要求，由一定的社会生产关系、经济条件所决定的社会群体的权利要求构成了法律最为本质的内容，去除权利，法律的存在就不再具有任何意义。简言之，法律实际上就是对人们应有权利的一种外在表现。法制的核心目的也正是维护公民的私权。所以，完善的法制思维教育必然注重培育学生的权利意识，促使学生勇于并善于利用法律维护其权利。

第四，程序意识教育。法制首先追求程序正义，其次追求实质正义。在法制的视域下，唯有通过公开、透明的程序才能得到正义的结果。程序意识教育意在促使学生摒弃"为达目的、不择手段"的传统观念，培育学生遵守法定的步骤、方式以及过程的意识，进而以平和、理性、逻辑的方式解决纠纷。

总之，法制思维教育更注重对学生进行精神层面的教导，促使学生在掌握基本法律知识的基础上，将宪法、法律、法规、规章等法律规定作为自己思考问题的出发点、个人行为的基本准则，并积极通过对法律的运用来维护自身的权利，从而成为合格的现代公民。

三、高校法制教育的性质

（一）传统观点："法育"属于"德育"体系

以陈秉公为代表的学者普遍认为，思想政治教育的重要内容之一就是法制教育。实际上，在我国的教育实践中，"法制教育"与"德育"经常混同使用。上述观点其实也就是将高校法制教育纳入了德育的范畴。

将高校法制教育的性质定位于德育具备充分的规范性文件及教育实践依据。一方面，1994年8月，《中共中央关于进一步加强和改进学校德育工作的若干意见》直接将高校法制教育列入了德育的领域；1995年11月，国家教育委员会发布的《中国普通高等学校德育大纲》将"树立社会主义民主法制观念""知法、守法、用法"等内容列为高校德育的目标之一；2013年6月，教育部、司法部、中央综合治理办公室等部门联合发布的《关于进一步加强青少年学生法制教育的若干意见》再次将法制教育与思想道德教育密切结合；2016年4月，"七五"普法规划亦明确将"推进法制教育与道德教育相结合"作为普法的主要任务。另一方面，1998年，教育部将"法律基础"列入了"两课"体系，明确了其思想品德教育的性质；2005年，"法律基础"与"思想道德修养"课程又被整合为"思想道德修养与法律基础"混合课程，并列入了思想政治理论课体系。

可以看到，从规范性文件的角度来说，国家对高校法制教育的推动始终与德育或思想教育紧密联系在一起，高校法制教育的目的就在于提升学生的思想道德素养，甚至高校法制教育直接被定性为德育。从教育实践的角度来看，高校法制教育的课程通常被纳入思想品德课或思想政治理论课中，不具备独立性，依附于"两课"或德育的课程体系。在现行的教育政策下，这实际上就意味着高校法制教育已经被定性为德育。

（二）未来趋势："法育"独立于"德育"体系

党的十八大以来，以习近平同志为核心的党中央高度重视法制建设，提出了"全面依法治国"的战略布局。法治是一项宏大的事业，它影响到无以计数的普通人的生活。因此，赋予高校法制教育以独立的法育性质或地位，对于法制未来的走向具有重要的实践意义。具体而言，高校法制教育的这一未来转变趋势源于以下三点。

首先，法律与道德在社会规范层面上是并列关系，这决定了高校法制教育不宜统摄在德育的范畴内。法律与道德同为社会规范，二者分别以不同的方式规范着公民：前者以国家强制力为后盾约束着公民的行为，后者则通过社会舆论调整着公民的内心。习近平指出："法律是准绳，任何时候都必须遵循；道德是基石，任何时候都不可忽视。在新的历史条件下，我们……必须坚持依法治国和以德治国相结合，使法治和德治在国家治理中相互补充、相互促进、相得益彰，推进国家治理体系和治理能力现代化。"因此，法律与道德是并列而非包容与被包容的关系。更重要的是，法律与道德内含不同的运行机理，法律蕴含着普遍性、稳定性、明确性、公开性以及可操作性等特质，这些特质是道德所不具备的，这决定了在治国理政的层面上，法律显然要优于道德。相应的，我国的法制教育作为深化依法治国实践、塑造法治国家的重要途径，也需要与道德教育保持适度分离，才能在法制与教育的结合中全面提升中小学法制教育实施效果。

其次，从应然的角度看，在全面依法治国的时代背景下，高校法制教育是这一进程中的重要组成部分，是依法治国的重要战略保障，将高校法制教育仅仅定位于德育的组成部分显然已难以适应法制的发展步伐。依法治国的奋斗目标必然在逻辑上要求高校法制教育在未来应获得相对的独立地位与完整体系，即作为专门的"法育"系统而存在，这既有利于该学科的科学化与系统化，也有助于高校法制教育的顺利实施。所以，提升高校法制教育的地位是我国进行法制建设的必然选择。将高校法制教育列为德育的组成部分，则不利于提升高校法制教育的地位，也无法实现高校法制教育的目标与内容的完整性，无法满足国家法制建设需求。

最后，从实然的角度来说，高校法制教育地位的逐年提升也要求其独立于德育体系之外。有学者指出，要把法制教育纳入国民教育体系，必须着力于法制教育的保障。2018年教育部党组书记、部长陈宝生发表重要讲话，提到要牢牢抓住科学立法这一龙头，全面完善中国特色教育法律制度体系。在笔者看来，高校法制教育的首要保障就是制度保障，即明确高校法制教育的法育性质，赋予其独立的地位，在此基础上，相应的师资保障与经费保障才能逐步到位。高校法制教育地位的提升也需要国家赋予其独立于德育体系的地位，从而确保高校法制教育体系的进一步优化与完善。

（三）法制教育在高校教育中的定位

当前，由于法制教育与德育仍存在交织关系，很多教育者仍将法制教育视为德育的一部分。所以，关于法制教育在高校教育中的定位仍然存在争议：有学者将其定位为思想政治教育，有学者将其定位为公共教育，还有学者将其定位为高校的安全教育、青少年犯罪预防教育等。不同的定位将会直接影响到法制教育的实施效果。上述定位均有其合理之处，内涵深刻的历史、文化与社会背景。但是，从性质的角度来说，法制教育于未来应当独立于德育体系之外，所以，法制教育在高校教育中的定位必须有所突破，体现出法制教育的重要性、时代性与独立性。因此，法制教育在高校教育中的定位应当获得充分的独立性，其应当与文化课程处于同等重要的地位。

上述对法制教育的定位符合我国依法治国的时代趋势，因而，在未来的施行中具备鲜明的时代合理性与必要性。党的十八大以来，以习近平同志为核心的党中央做出了全面推进依法治国的重要战略部署，对法制教育提出了更高的全新要求。在"增强全民法制观念，推进法治社会建设"的时代背景下，法制教育理应获得同文化课程同等重要的定位。具体而言，社会主义法制观念的确立需要依赖于广大公民的高度自觉，需要人们切实地尊重法律、信赖法律，甚至信仰法律，人们的态度直接决定了法制建设的成效。公民法治素养的养成不是一蹴而就的，这需要从学生的教育着手，及时、点滴且扎实地促使学生树立法治思维。没有专门、系统的法制教育，仅仅将法制教育分散于其他教育课程中，难以全方位地、有效地提升学生的法治素养，进而也不利于全体国民法治素养的提升。因此，专业化的法制教育对于培育学生的法治理念，提升整个民族的法治素养具有现实的积极作用，这从实践或逻辑上决定了法制教育必须获得独立的与其他文化课程同等的定位。只有在定位上与其他文化课程具备对等关系，高校中的法制教育才能持续地、大规模地逐步开展。法制教育的上述定位需要辅之以下五项措施。

第一，合理地设定法制教育的目标。法制教育的目标是法制教育的实践指向与价值归宿，它决定了法制教育的最终走向。因此，法制教育应当与其他文化课程一样率先设立科学合理的目标。法制教育目标的确定应当以我国国情为基础，充分考察我国法制建设的现状及实践走向，从而确定宏观目标与微观目标、短期目标与长远目标等，确保这一课程的目标设置具备长久性与稳定性。

第二，科学地确立高校法制教育的课程安排。法制教育的课程安排主要是由教育行政部门来主导的事务。教育行政部门应当根据教育阶段的不同特点，编写具有通用性的法制教育专门教材。在此基础上，教育行政部门应当为高校创造条件，辅助其结合本校实际状况精心设计合理的课程，力争促使法制教育课程在短期内可以同其他文化课程一样形成体系性、完整性、连贯性的课程标准内容。

第三，科学地确定法制教育的讲授内容。在种类的层面上，法制教育应当包含法律知识、法制实践与法制思维教育，不可偏颇。在进度的层面上，需要设置总体内容与阶段内容，确保二者之间的有效衔接。在难易程度的层面上，高校应当根据学生的接受能力及知识储备状况，为不同年级的学生设置不同的教育内容，促使教育内容呈现由浅入深、层层递进、科学系统的面貌，确保教育符合该阶段学生的心理特质。

第四，组织一支专业化的教师队伍。优秀专业的师资队伍对于法制教育的开展至关重要，良好的师资是法制教育成功实施的前提条件。尤其是法制教育本身的内容就较为专业，其他行业人员很难通过短期的培训就得以胜任这一工作，因此，高校应当充分重视师资问题，积极引进人才，并为其提供各种资源，从而提升教师的教学与科研能力。总之，作为法制教育的组织者、引导者，教师的教学水平直接决定了教学任务能否落实，他们是保障法制教育独立地位的中坚力量。

第五，采取多样化的法制教育教学方式。多样化的法制教育教学方式有助于激发学生的兴趣与积极性，带动学生主动探索未知的法律知识，防止课程的虚置。如各类参观活动、基地建设等内容都是法制教育教学中不可或缺的重要内容。课程内容如果较为单一，就容易让学生丧失学习兴趣，也会导致本门课程的虚置。长此以往，甚至会让本门课程再次丧失独立性，成为附属性课程。

第三节　大学生法制教育的内涵和主要内容

一、大学生法制教育的内涵

大学生法制教育是大学生思想政治教育的一项重要内容。加强大学生法制教育有利于大学生自身的成长，有利于思想政治教育的发展进步，有利于加快我国法制教育事业的前进步伐。随着改革开放的不断深入，大学生法制教育越来越显示出在大学生思想政治教育工作实践中的重要位置。在微时代背景下强化大学生法制教育有利于大学生充分理解、支持和维护国家法制建设，并且，在大学生步入社会后能够成为有利于现代化法制建设发展的高素质人才。综上所述，大学生的法制教育是高校在实施基本的专业课知识教育和思想品德教育过程中，有目的、有计划、有组织地传授大学生法律基础知识，使大学生形成正确的法律意识，树立崇高的法律信仰，培养较高的法律素质，培养符合我国法制建设要求的高素质人才的教育活动。

二、大学生法制教育的主要内容

微时代视域中的大学生法制教育的主要内容及基本要求都是要有利于大学生法律观念的形成和法治素养的提高，使大学生将法律规范、法律规章作为严格要求自己的行为准绳。大学生法制教育在不同阶段的具体要求是不同的，但是对大学生进行法制教育的基本要求是不变的。第一，注重法律观念和法律意识的培养；第二，突出主旋律教育，要使大学生将爱国主义、集体主义、社会主义的科学内涵内化为自己的价值取向；第三，大力弘扬中华民族优秀的传统文化。大学生是国家的希望，是社会主义合格的建设者和可靠的接班人，指引着社会主义建设发展的方向。因此，对大学生进行法制教育就显得更为重要。

首先，对大学生进行公民意识教育。公民意识是公民对其在国家中的政治地位和法律地位的自我认知，体现为公民对其权利和义务的心理认同与理性自觉。当代大学生有着和其他年代、其他群体所不同的特点。当代大学生这一特殊群体要具有最基本的公民意识，高校必须抓住这一特点，对大学生进行教育。公民意识教育是指高校对大学生进行自我评价与自我认识的教育，以明确他们在国家中的地位和作用。公民意识教育能够帮助大学生从根本上认清自己的身份和地位，从最根本上认识自己。

其次，对大学生进行法制观念教育。法制观念是指人们对法制的看法和态度，其核心是对依法办事的态度。《中华人民共和国宪法》是我国的根本大法，是当代大学生必须掌握的学习内容。高校作为教育主体，应在此基础上对大学生进行法制观念教育。第一，对大学生进行正确的世界观、人生观和价值观教育。第二，注重提升大学生的判断能力，从理论上和实践上分别让大学生识别什么样的行为属于违法行为，什么样的行为属于合法行为，从根本上使大学生树立正确的法制观念和法律意识。有了法律知识并不代表具有法律意识，所以，理论必须要同实践相结合，使大学生能够真正地学以致用。

再次，对大学生进行社会主义民主教育和权利意识、义务观念教育。社会主义民主教育能使大学生充分了解在我国民主到底是什么样的民主，其基本性质和具体行为到底是什么，帮助大学生对我国的国体和政体有更深层次的了解。同时，这也能提升大学生的爱国主义精神修养。权利和义务在法律之中是最基本的内容，对大学生进行权利意识和义务观念的教育，能够使大学生妥善处理好自身权利与他人权利，自身权利与集体、公共利益等之间的关系，能够使大学生了解自己身上应承担哪些义务，从而严格地依照法律办事，自觉主动地维护国家和自身的合法权益。

　　最后，要对大学生进行遵守纪律教育。纪律是一定的社会组织为自己的成员所规定的具体行为的准则。对大学生进行遵守纪律的教育，帮助大学生正确认识纪律的必要性和合理性，使他们自觉遵守各项纪律，约束自己的行为。通过纪律教育，大学生可形成自觉遵守纪律的能力，进而形成一种自我约束的思想观念。正确的法制观念是对自由约束思想观念的升华，对大学生进行遵守纪律教育，培养和提升他们的法律素养，使他们形成正确的法制观念，从而实现大学生法制教育的目标和效果。

第四节　大学生法制教育的必要性

　　大学生作为国家未来使命的承担者和继承人，肩负着构建社会主义和谐社会与建设社会主义法治国家的历史重任，这在当今的微时代背景下显得更为重要。因此，必须对大学生进行法制教育，使他们具备扎实的法律知识和较高的法律素养，在社会生活中做到学法、懂法、守法和宣传法。大学生法制教育是大学生思想政治教育的题中之意，加强大学生法制教育是大学生自身的内在需要，也是当今法治社会建设的客观需要，对大学生进行法制教育具有十分重要的现实意义。

一、大学生法制教育是建设社会主义和谐社会的迫切需要

　　大学生肩负着构建社会主义和谐社会的历史重任，构建社会主义和谐社会需要高素质、有文化、有道德的大学生。我国是法制和民主需要进一步发展和完善的国家，大学生作为社会主义现代化合格的建设者和可靠的接班人，必须要具备较高的法律素养和扎实的法律知识。对大学生进行法制教育是一项基础而重要的工作，加强大学生法制教育是大学生自身的内在需要，更是构建社会主义和谐社会的迫切需要。

（一）加强大学生法制教育是社会主义和谐社会性质的内在需要

构建社会主义和谐社会需要高素质的大学生，加强大学生法制教育，有利于提高大学生的基本法律素养，使其成为社会主义和谐社会所需要的人才。和谐社会是"和而不同"的社会，是承认个体独立性质的社会。其中的"和"是指"和谐"，其中的"同"是指"苟同"。"和而不同"，简单地说，也就是指和谐而不盲从。和谐社会的"和"是承认"不同"的"和"，"和"不等于否定个体或者使个体差异消失。相反，它首先就是建立在承认个体，尤其是承认个体差异的基础之上的，这可以说是关于和谐的认识前提。

社会主义和谐社会是一种状态，是我们所向往的社会，是一种治理国家的理想和机制。为了达到这一状态，全体公民都应各尽其责，努力维护和开创祖国和人民所向往的和谐社会。大学生作为社会主义现代化合格的建设者和可靠的接班人，他们个人素质的优劣直接影响着整个国民的素养水平。只有让大学生拥有较高的法律素养和扎实的法律知识，激发他们对法律基础知识学习的兴趣，并将其内化成自己的价值取向和目标追求，才能使他们承担起祖国和时代所赋予的重任，社会才能在他们的治理下，实现和谐稳定发展。然而，由于部分大学生还处于懵懂时期，法制观念尚不成熟，还需要学校和全社会各方面的积极引导。加强大学生法制教育，能够有效地引导大学生树立正确的法制观念，积累丰富的法律知识，提升法律素养，提高大学生守法、用法的能力，同时在一定程度上能够避免大学生犯罪行为的发生，以适应和谐社会的内在发展要求，真正使和谐社会不再只是理想。因此，加强大学生法制教育是社会主义和谐社会性质的内在需要。

（二）加强大学生法制教育是社会主义和谐社会特征的必然要求

习近平指出，法律是准绳，任何时候都必须遵循；道德是基石，任何时候都不可忽视。党的十八大以来，习近平高度重视全面依法治国，亲自谋划、亲自部署、亲自推动。2020年11月16日至17日，中央全面依法治国工作会议在北京召开，首次提出习近平法治思想。依法治国是党领导人民治理国家的基本方略，法治是治国理政的基本方式。

社会主义和谐社会应该是民主法治、公平正义、诚信友爱、充满活力、安定有序、人与自然和谐相处的社会。对于大学生来讲，树立正确的世界观，提升自身的道德素质，这对法制教育的开展也具有重要意义。和谐社会并不是没有矛盾和纠纷的社会，矛盾和纠纷在任何时候都不可避免。社会的复杂性和环境的多元性使每个人的生长条件千差万别，从而形成了人们不同的生活态度和生活需求。也正因为有这种不同，利益的纷争和矛盾的出现不可避免，从而使一定意义上的"公平"难以实现。由于人们的追求多元化，对公平正义的理解也不易达成统一。当代的大学生生活条件都比较优越，心理上的优越感也随之增强，当矛盾出现时，难免会意气用事，甚至造成不可挽回的后果。各高校虽然已经普遍开设了法律基础教育课程，但由于在思想上没有足够重视，因而在大学生学习的过程中，应付过关、敷衍了事的现象会发生。教师既是专业知识的拥有者，又是法律知识的传授者，高校应高度重视，切实做好大学生法制观念的教育引导工作，真正达到大学生法制教育的预期目标和效果，这是思想政治教育一直的要求和目标，也是社会主义和谐社会特征的必然要求。

二、大学生法制教育是推进校园文化建设的需要

校园文化是高校发展的灵魂，是学校形象和文明程度的重要体现，在微时代中对大学生的世界观、人生观、价值观和法制观都有着潜移默化的影响。校园文化重在建设，具体包括三个方面。第一，校园物质文化建设。它是校园文化建设的重要组成部分，是支撑校园文化建设的重要力量，是实现校园文化建设目的的途径和载体。物质文化建设实实在在地存在于大学校园中，是校园价值观的体现，它代表着某种文化或精神，具有一定的教育意义，在日常生活中，时时刻刻地影响着大学生的意识和观念。第二，校园精神文化建设。它是校园文化建设的核心内容，也是主要目的，它旨在通过对校园主体的观念或意识形态的影响，达到提升精神文化水平的目的，具体体现在学校的校风、教风、学风等方面。第三，校园制度文化建设。它是校园文化的内在机制，是校园文化的保障系统，对维系学校的正常秩序发挥着重要作用。

校园文化建设是校园的硬件设施，它陶冶着大学生的情操，塑造和净化大学生的美好心灵，激发着大学生的进取精神，无时无刻不在影响着大学生的精神文化和身心健康的发展，对大学生的全面发展起着至关重要的作用。大学生法制教育意在培养大学生自觉守法的法律意识和正确的法制观念，使其在社会中能够做到学法、懂法、守法和宣传法。大学生法制教育和校园文化建设在意识形态层面具有一定的相互促进关系。

校园文化建设是使大学生树立正确法制观念的重要载体，并且能够促进大学生法制教育的有效开展。校园文化建设代表着大学的外在形象，反映着校园的文化底蕴和精神面貌，这对大学生的精神文化和意识观念起到了良好的熏陶作用。校园法律文化活动同样也对大学生的法律意识和法制观念形成起到了激

发和警示的作用，高校可以定期开展一些与法律相关的校园文化活动，调动大学生主动参与的积极性，激发他们自觉遵守法律的意识和对法律的信仰，进而达到法制教育的目标。同时，大学生法制教育的顺利开展也将促进和谐校园、文明校园的构建，大学生通过校园法律文化活动树立了正确的法制观念，增强了法律意识，自身的道德素质也得到了全面提高，校园内偷盗、打架等事件的发生频率明显降低，抑制了校园内的不稳定因素，净化了校园环境，使校园变得更加和谐、文明。由此看来，大学生法制教育与校园文化建设相互促进，相辅相成。大学生法制教育是校园文化建设的前提与保障，校园文化建设必将推进大学生法制教育进程。

三、大学生法制教育是完善高校思想政治教育发展的现实需要

在微时代中对大学生进行系统的法制教育，不仅仅是扩展和强化他们的法律基础知识的需要，也是完善高校思想政治教育发展的现实需要。法制教育与思想政治教育是相互促进、相互完善、相互依存的。大学生法制教育是思想政治教育内容中重要的组成部分，是实现思想政治教育目标的重要手段。加强和改进大学生法制教育，完善大学生法制教育体系、方法、内容的过程，同时也是完善大学生思想政治教育的过程。

当代大学生思维活跃，接受新鲜事物的能力很强，但是由于他们的世界观、人生观、价值观还未成熟，对待某些事情的判断力和选择能力还亟待提高。因此他们容易受到外界环境的影响，产生一些错误的思想观念。

对大学生进行法制教育和思想政治教育能够有效引导和帮助他们树立正确的世界观、人生观和价值观，规范和约束他们的行为，使其符合社会的要求。大学时期是大学生思想观念由幼稚走向成熟的重要阶段，这一阶段高校对大学生进行教育和管理是非常重要的。当代大学生生长在现代化、信息化的时代，生长环境优越致使部分大学生自我约束和自我管理能力下降，进而出现部分大学生法制观念淡薄、法律意识缺失等问题。近年来，大学生犯罪案件比例普遍呈上升趋势，事实证明，部分高校对大学生法制教育还存在欠缺，法制教育的范围不广、力度不强，教育的方式方法也有待改善。针对这一现状，国家也相继出台了有关意见或政策，以解决大学生思想政治教育以及法制教育当中所存在的具体问题。大学生是祖国的希望，是社会主义现代化的建设者和接班人，是国家十分宝贵的人才资源，大学生的健康发展需要法制教育和思想政治教育的正确引导。因此，加强大学生法制教育也是完善高校思想政治教育的现实需要。

四、大学生法制教育是促进大学生自身发展的需要

新世纪是社会经济迅猛发展的时代，大到国家的经济水平是否在整个世界中处于领先地位，小到每个家庭的经济条件能否达到小康水平。这为当代大学生的成长提供了思考的课题，同时，也给在校大学生带来了一定的冲击。一方面，家长可以给孩子创造更多、更好的条件去学习，开发他们的潜能；另一方面，在优质的家庭条件下，部分大学生的自我约束能力下降，拜金主义、享乐主义、自私自利等思想逐渐膨胀。同时，随着我国经济发展水平的提升，贫富差距成为一个影响社会和谐稳定发展的问题，在一定程度上，也会引起大学生心理上的不平衡，造成心理问题。另外，也有部分大学生在不同程度上存在着政治信仰迷茫、理想信念模糊、价值取向偏激、诚信意识淡薄、社会责任感缺乏、艰苦奋斗精神淡化、团结合作意识观念较差、心理素质不好等问题。这正是大学生容易出现的种种问题。人是环境的产物，年轻一代的品行与人格是家庭、社会熏陶教育的结果。从一个人接受教育的过程来看，家庭教育是接触最早、时间最长、影响最深的教育。学校教育和社会环境对个体产生的影响次之。在校时期是大学生形成稳定性格、提高判断是非能力的重要阶段，思想观念极易受到外界事物的影响，他们还不能真正辨别事物的实质，一旦判断失误，那些不好的事物就会使他们的世界观、人生观、价值观发生扭曲，严重的还会导致犯罪。近年来，因种种原因造成的犯罪案件屡屡增加，由于大学生心理上的不平衡极易导致其行为上的莽撞，这不仅仅只是心理健康教育的欠缺，更是法制教育的缺失。针对这种状况，高校除了要及时对这些大学生进行心理疏导之外，还应加大法制教育的贯彻实施力度，对他们进行法制观念教育、人生观教育，引导和帮助大学生找到人生正确的发展方向。因此，加强大学生的法制教育是时代的需要，是思想政治教育的需要，更是大学生自身发展的需要。

第四章 微时代大学生法制教育的发展

改革开放以来，我国各项工作步入了常态化的、稳步的发展时期，高校法制教育也进入了快速发展阶段。鉴于历史教训和建设社会主义法治国家的客观需要，党和国家高度重视法制教育，开展了"把法律交给亿万人民"的普法工程，以多种形式对全民进行法制教育。对大学生进行法制教育一直是工程的重点。经过多年的教育实践，高校法制教育取得了一定的成绩，也积累了一些经验。党的十八届四中全会审议通过的《中共中央关于全面推进依法治国若干重大问题的决定》提出了建设社会主义法治体系的宏伟蓝图，向高校法制教育提出了新要求，赋予了新使命。对改革开放以来我国高校法制教育轨迹进行梳理，是对这一阶段法制教育的经验和问题进行分析和总结，也是对我国法治实践的反思，对法制教育、依法治国工作的开展具有启示和指引作用。在党和国家的强力推动下，以教育政策方针为指引，这一时期的法制教育呈现出鲜明的目标特征，即在从计划经济向市场经济、从人治向法治发展的进程中，法制教育的目标呈现既有差异性的一面，也有关联性的一面。

第一节 改革开放以来大学生法制教育的发展历程

一、恢复发展阶段（1978—1986 年）

1978 年，十一届三中全会成功召开，党和国家的工作重点逐渐转移到改革开放和社会主义现代化建设上来，邓小平提出"为了保障人民民主，必须加强法制"。同时，思想政治教育的重要性逐渐被人们所意识到。1979 年 9 月，中共中央出台的《关于坚决保证刑法、刑事诉讼法切实实施的指示》强调，要加强法制教育，要广泛深入地向广大干部、群众和党员宣传法律，同时要求各级各类学校都要开设法律课程，进行法制教育。一些高校开始尝试将法制教育内容融入思想政治理论课教学和政治学习活动中。可见，这一时期除了恢复和继续发展高校的法制教育外，还旨在让更多的人学习法律知识、树立法制观念、形成法治精神，大众化的法制教育问题开始进入党和国家领导人的视野，并在教育界受到重视。

① 1978—1984 年，依附于高校思想品德课程，以法律常识为主要内容的大学生法制教育伴随着高校思想政治教育发展而发展。20 世纪 80 年代初，高校相继开设了马克思主义理论课程和思想品德课程，二者并举共同构成了高校思想政治理论课程的结构框架。最初的大学生法制教育内容则起始于思想品德课程中，1982 年和 1984 年，教育部印发了《关于在高等学校逐步开设共产主义思想品德课程的通知》和《关于高等学校开设共产主义思想品德课的若干规定》，明确鼓励高校进行道德教育，向学生教授法律、纪律与自由的相关内容。根据要求，有些高校把自由、秩序、道德、法律法规等教学内容纳入了思想品德教育范畴，并在思想品德教学中渗透法律知识。在四川人民出版社 1983 年出版的《共产主义思想品德教育》一书中，共产主义思想品德基础教育内容部分包含了民主与法制的相关知识，其中法制教育内容涉及"做守纪律的模范"和"当奉公守法的公民"两章。这两章的内容从教育目的和教学目标出发介绍了有关纪律、法制、权利、义务、自由、违纪等概念性、法律常识性的知识，对学生日常生活行为进行了规范和引导，但极少涉及法制观念的引导。另外，在福建教育出版社 1985 年出版的《大学生共产主义思想品德概论》一书中的"加强法制教育，增强法制观念"一章对法的本质、起源、发展历程等基础知识进行了简要概括，该书内容总体上以法律基础知识为主。这两本教材作为当时大学生法制教育内容的缩影，总体上反映了这样一种情况——同一时期的同一类型教材中的法制教育内容部分大都是与之类似的法律基础概念和法律常识，这是一种基础的、初级的、浅显的法律知识的拓荒和启蒙。这一阶段是大学生法制教育内容的奠基阶段，大学生法制教育依附于思想品德课程，涉及极少的法制教育内容，主要由政治辅导员组织学生在统一规定的政治学习时间里学习与国家法制建设有关的文章和相关新闻报道。

② 1985—1986 年，与国家民主法制建设同步，开始注重法治意识教育。大学生法制教育的内容随中国民主法制建设进程而发展。中共中央、国务院在 1985 年 11 月 5 日转发了《中央宣传部、司法部关于向全体公民基本普及法律常识的五年规划》。1985 年 11 月 22 日，《关于在公民中基本普及法律常识的决议》（以下简称"《决议》"）在第六届全国人大常委会第十三次会议上正

式通过。《决议》指出，从 1986 年起，争取用五年左右的时间，以一切有受教育能力的公民为教育对象，有目的、有计划、有程序地开展法律常识教育，要把学校法制教育作为普法教育工作的重中之重，要重点对领导干部和青少年进行法制教育。《决议》还规定，大学生在接受小学、中学法制教育的基础上，还应该学习法学基础理论和同本专业有关的法律知识。同一时期发布的《中共中央关于进一步加强青少年教育预防青少年违法犯罪的通知》明确要求，结合"一五"普法规划，对青少年进行理想、道德、纪律和法制教育。其中对大力普及法律常识，使青少年养成遵纪守法的良好习惯的相关内容进行了更明确、更具体的部署。为落实相关文件精神，与"一五"普法规划相配合，增强大学生的法治意识、提升大学生的法治能力，1986 年，国家教委发布了《关于在高等学校开设法律基础课的通知》（以下简称"《通知》"）。《通知》规定了在思想政治理论课程中开设法制教育课的教育内容、途径、课时安排和教材选用等问题。《通知》指出，主要通过三种途径进行法制教育。一是在"中国社会主义建设"课程中进行"社会主义民主与法制"教育，主要包括"人民民主专政的国家制度""法的本质，我国的国体、政体等基本问题""社会主义民主""健全的社会主义法制"等内容，教会学生有效区分社会主义民主与资本主义民主。二是从大学生的思想实际出发，以讲座的形式进行法律基础知识教育，讲座可围绕以下内容开展：学习法律知识与形成法律意识的意义；法的起源、本质和作用；公民权利与义务；民主与法制、民主与专政；犯罪与刑罚；民主的任务和作用；婚姻和继承问题等。三是结合不同专业需要开设专门法的选修课。《通知》为我国当时的大学生法制教育指明了发展方向。随后，全国各大高校相继进行法律基础教学。这一举措是法制教育正式进入高校课堂并步入正轨的标志。

这一时期的大学生法制教育从作为思想品德课的一部分正式开启，但毕竟改革开放只进行了几年，社会主义法制建设才刚刚起步，大学生法制教育仍处在摸索时期，更多的是借鉴小众化的专业法学教育经验，并没有形成规模，也没有形成全面、系统的内容结构体系。总体来看，这一时期的大学生法制教育内容以法律基础知识为主，突出部门实体法，而程序法涉及较少，教材编写注重收集最新立法成果，特别是宪法的最新修订成果。

二、探索发展阶段（1987—2004 年）

社会主义法治实践的不断深化和改革开放的进一步发展为大学生法制教育创造了良好的社会法治文化环境，顺利过渡到探索进取阶段，进入成长发育期。这一时期的法制教育内容结构体系初步形成并不断完善。

（一）1987—1997 年：大学生法制教育内容体系初步形成

1987 年，国家教委颁布了《关于高等学校思想教育课程建设的意见》，该文件明确要求高校开设思想教育课程，该课程体系包括马克思主义理论课程和思想品德课程。其中，思想品德课程包括两门必修的"形势与政策"课程和"法律基础"课程，以及三门选修的"大学生思想修养"课程、"人生哲理"课程和"职业道德"课程，并规定"法律基础"课程的指导思想是马克思列宁主义、毛泽东思想和邓小平理论，每学期 30 课时。课程教育目标与教学内容为，使学生掌握宪法和专门法的基本精神与规定、形成权利与义务观念。这一举措与"一五"普法规划相呼应，是大学生法制教育系统化发展的具体表现，也体现了国家在推进民主法治进程中更加注重对大学生进行法制观念的培育与法治素养的提升，指明了接下来一段时期内的大学生法制教育内容的发展方向。1995 年 11 月，《中国普通高等学校德育大纲（试行）》对德育内容进行了规定，指出"民主法制教育"属于德育范畴。1995 年 12 月 28 日，国家教委等多部门联合发出了《关于印发〈关于加强学校法制教育的意见〉的通知》，强调各级各类学校都要把法制教育纳入教学计划，还规定了不同年龄段学生法制教育的内容。1998 年 6 月 10 日，中宣部、教育部联合印发的《关于普通高等学校"两课"课程设置的规定及其实施工作的意见》指出，本科生和专科生都应该必修"法律基础"课程，指明该课程要对学生进行马克思主义法制观念教育，使学生了解宪法和其他法律的基本精神与运行的基本原则、适用范围等。

国家教委思想政治工作司与司法部法制宣传司分别在 1992 年、1996 年和 1998 年联合修订了《法律基础教学大纲》（1992 年为《法律基础课教学大纲》），为大学生法制教育内容的选择与确立进行了统一规定。之后，各大高校自行组织编写了教材。不同教材虽在体例、归类方面有所差异，但整体内容相差无几，基本上初步形成了由法学基础理论（法的本质与发展、社会主义法的创制与实施、社会主义法的本质和作用、社会主义道德）、基本法律知识（宪法及部门法）、法律意识和法制观念三部分构成的教育内容体系。值得说明的是，虽然教材涉及法制观念和法律意识相关内容，但所占比例很少，教学重点仍是从专业法学的角度向学生普及法律基础知识。可以发现，这一时期及之前的大学生法制教育内容是"文本"式的，即重视法律知识传授，轻视法制观念培育；注重义务和服从，轻视权利保障与维护；注重实体法教学，轻视程序法教育。整个内容系统是法学专业教材的浓缩。

（二）1998—2004 年：由偏重法律知识教育开始转向以法治意识教育为主

中宣部、教育部于 1998 年印发了《关于普通高等学校"两课"课程设置的规定及其实施工作的意见》（以下简称"98 方案"）。"98 方案"将原来的"形势与政策"必修课调整为"思想道德修养"课程，并作为思想品德课程的重要组成部分，"法律基础"课程仍作为本、专科生思想品德课程的必修课，这一举措进一步巩固了该课程作为高校思想政治理论课重要组成部分的地位。"98 方案"指出，"法律基础"课程的主要内容包括社会主义法制观念和法律意识、马克思主义法学观点、宪法和其他部门法的基本精神和规定等。"98 方案"规定，通过对宪法和部门法的基本精神和规定的学习，要达到"了解"的程度，而 1987 年的文件对此项内容的规定是学生通过学习要达到"掌握"的程度。对比可见，对具体法律知识的学习要求有所降低，但"98 方案"中新增了"增强学生的社会主义法制观念和法律意识"的要求，这在一定程度上体现了大学生法制教育的内容开始由以法律知识为主转向以法制观念和法律意识为主。另外，通过对不同版本的"法律基础"课程教学大纲的对比我们也可以发现这一转变。1998 年出版的第三版《法律基础教学大纲》明确指出，该课程的主要内容包括法学基础部分、基本法律知识部分、法律意识和法制观念部分，以"培养大学生社会主义法律意识为核心"。相比 1992 年出版的《法律基础课教学大纲》的"法律基础课的主要内容是向学生讲授法律基础知识"的内容要求和 1996 年第二版《法律基础教学大纲》中的"法律基础课的任务是在向学生传授必要的法律基本知识的基础上，重点对大学生进行社会主义民主法制观念教育，帮助大学培养健全的法律意识"的内容要求，显然该版本的内容要求已经从注重法律基础知识传授转向注重培育大学生的法治意识。

1999 年，"依法治国，建设社会主义法治国家"被写入《中华人民共和国宪法》，从"法制"走向"法治"，从"法制国家"走向"法治国家"，实现了历史性飞跃。这一举措体现了我国治理理念的转变。从此，法治具有了超越法律工具意义的深广内涵。在这一背景下的法制教育也改变了一直以来将教育目标定位于"普及法律常识"的现状，明确了法制教育之于人的价值意义。大学生法制教育内容也在新的法治理念的指导下进行了有益探索，寻求从"文本"式教育内容向"人本"式教育内容的转变。

从 2001 开始，我国逐步实施第四个五年普法规划。"四五"普法规划工作的重点由提高全民的法律意识转向提高全民的法治素养。在"四五"普法规划精神的指导下，2002 年，教育部等多部门联合印发了《关于加强青少年学生法制教育工作的若干意见》，指出法制教育要严格按照教育部、中宣部对"两课"的要求与规定开设相关课程，要突出现代法学基础理论和我国依法治国理论，及时将世界贸易组织规则与社会主义市场经济法律补充进内容体系，突出民事法律教育，帮助大学生树立宪法至上意识、权利与义务一致的意识。2003年，教育部印发的《关于加强依法治校工作的若干意见》明确规定，要"加强法制教育，提高法律素质"，这是高校对"四五"普法规划工作重点的积极回应。

另外，部分高校自主编写的"法律基础"课程教材中新增了国际贸易法和世界贸易组织规则等内容，这是对大学生法制教育内容的丰富与拓展，增强了法制教育内容的时代性与完整性。

这一时期的大学生法制教育进入正规化发展阶段，"法律基础"课程独立开设并进入大学课堂，各大高校在国家统一大纲的指导下自行编写了"法律基础"课程教材，初步形成了大学生法制教育内容体系。从初步形成的大学生法制教育内容体系可以看出，其呈现如下特点：一是以法律知识为基础，但增加了具体法律条文条例；二是伴随着我国社会主义市场经济法律体系的逐步建立，在具体的法律条文条例中突出了市场主体法律制度、市场主体行为法律制度等内容；三是以我国加入世界贸易组织为背景，法制教育内容体系中补充了与规范市场经济相关的法律法规及世界贸易组织的相关法律知识；四是更加注重大学生法治能力的培养，程序法律内容获得了与实体法律内容平等的地位；五是出现了由法律基础知识向法治意识转化的趋势。如在第三版《法律基础教学大纲》中明确规定教育内容应包括"法制观念"和"法律意识"，还指出要把培养大学生的社会主义法律意识作为"法律基础"课程的核心。

三、创新发展阶段（2005年至今）

在这一发展阶段，国家相关部门颁布了一些文件对大学阶段的法制教育进行了进一步部署，"思想道德修养与法律基础"课程教材出版并先后进行了七次修订。回顾这一阶段法制教育内容的发展变化，我们可以发现不断完善的教材对大学生法制教育内容进行了诸多有益探索，教育内容在满足学生需求、反映时代要求等方面更具优势。

（一）法制教育内容越来越受到国家的重视

2005年，中共中央宣传部、教育部联合印发了《关于进一步加强和改进高等学校思想政治理论课的意见》（以下简称"05方案"）。结合时代变化发展的客观需要与高校"两课"开展的实际情况，"05方案"重新调整了高校思想政治理论课程设置，将原来独立开设的"法律基础"课程与"思想道德修养"课程合并形成"思想道德修养与法律基础"课程，该课程与"中国近现代史纲要""毛泽东思想、邓小平理论和'三个代表'重要思想概论""马克思主义基本原理"共同作为大学生的公共必修课。除此之外，高校还应开设"当代世界经济与政治"等选修课。同时，"思想道德修养与法律基础"课程的基本内容和主要任务是对大学生进行社会主义法制和道德教育，进一步增强大学生的社会主义法制观念和法律意识。由此，新一轮的思想政治理论课改革在全国范围内正式开启。

从 2006 年至今，在高校大学生"思想道德修养与法律基础"课程开设这段时间里，无论是该课程的教学目标、教学方法还是教学内容都在与时俱进，不断改进，稳步向前发展。2014 年 10 月，党的十八届四中全会首次使用了"法制教育"这一表述，并将其纳入国民教育体系，这体现了国家对法制教育的重视。在此之后，学校根据不同年龄段学生的不同特点、不同需要和学校的实际情况，在国家总体规划和指导的基础上规定了教学目标和教学内容。2015 年，中宣部和教育部组织专家对《思想道德修养与法律基础》2013 年修订版进行了重新修订。2016 年，教育部印发了《依法治教实施纲要（2016—2020 年）》（以下简称"《纲要》"），提出要把加强青少年学生的法制教育、增强其法治意识作为重中之重的教育工作进行切实推进，并要求相关部门尽快编制《青少年法治教育大纲》，要对各级各类学校的不同学段的法制教育任务、目标、内容等进行明确规定，要将"法制教育纳入国民教育体系"的提法尽快落到实处。《纲要》的颁布与实施是依法治国战略在教育领域贯彻落实的具体实践表现，也为大学生法制教育内容的优化提供了有力的政策支撑。

2016 年 7 月，教育部、司法部、全国普法办联合印发了我国法制教育的第一部系统性纲领——《青少年法治教育大纲》（以下简称"《大纲》"）。《大纲》指出在义务教育阶段和高中阶段教育的基础上，高等教育阶段针对非法律专业学生的法制教育的主要内容应包括：中西方法治的发展历程与区别，宪法基本知识，中国特色社会主义法治的原理、原则、理念、实施基础、道路选择，中国特色社会主义法律体系的内容构成、基本法律原则等。

2016 年，教育部印发的《纲要》指出，在中小学（含中等职业学校）设立法制知识课程，鼓励各地积极探索以法制教育整合各类专项教育，利用地方课程、校本课程、社会实践、班队会等课时，加强法制教育，并将义务教育阶段法制教育纳入教育经费保障范围。到 2020 年，建立科学、系统的学校法制教育课程、教材、师资体系。

可见，进入新世纪，大学生法制教育的地位逐步提升，并越来越受到党和国家的重视。随着时代的发展，大学生法制教育内容特别是"思想道德修养与法律基础"课程教材中的法制教育内容，在相关文献的指导下不断调整更新，反映时代法治精神，回应时代法治问题。

（二）法制教育内容体系的构成要素更加多元化

2013 年，为推动马克思主义中国化最新理论成果进教材、进课堂、进头脑，体现中国特色社会主义法律体系和习近平系列讲话精神，教材编写组根据中央领导的批示和中宣部、教育部的决定对教材进行了第五次修订。修订后的 2013 版教材的法律基础内容主要分布在第五章、第六章和第七章，分别为"领会法律精神　理解法律体系""树立法治理念　维护法律权威""遵守行为规范　锤炼高尚品格"。其中，第五章的内容基本是在整合原有内容的基础上对部分节标题稍加修改而形成的，主要包括法律的概念及其发展历史、社会主义法律精神、我国宪法确立的基本原则和中国特色社会主义法律体系；第六章新增加了"法治思维"这一概念，这是对十八大精神的贯彻落实，有助于对大学生进行法治理念教育和法治思维培养；第七章的内容主要是法律在公共生活、职业生活、家庭生活中的具体应用，是对个人在不同生活领域中行为的规范。总体来看，第五章、第六章论述的社会主义法律精神和社会主义法律理念为第七章论述的基于道义对人们行为的规范提供了理论支撑，这种论述方式遵循了学生的由认知到行为的发展规律。与上一版本教材相比，这一内容结构的调整实现了法律基础内容的逻辑思维与思想道德内容的逻辑思维的一致，即由抽象到具体的内容设置的逻辑思路。本次修订的教材与 2010 年修订版相比最大的特点是，增加了法制观念的内容，删除了实体法律制度与程序法律制度相关的具体法律基础知识内容，增强了法律基础部分内容的思想性。

为充分贯彻落实党的十八届三中全会与四中全会精神以及习近平的讲话精神，中宣部和教育部于 2015 年初开始组织专家对教材进行再一次修订。2015年修订版教材由原来的七个章节调整为八个章节。2015 版教材中的法律基础部分有如下变化。

第一，对教材内容的顺序进行了调整。如将 2013 年修订版教材中的第七章调至第五章，内容本身没有太大变化，只是将节标题简化，并将内容做了调整。

第二，对部分章节的内容进行了扩充，突出了我国公民的权利与义务，并以独立章节的形式呈现出来。与旧版本的教材内容相比，新版本教材中法律基础内容变化较大的在第四章、第六章和第七章。如2015年修订版教材中的第八章"行使法律权利　履行法律义务"的相关内容是由2013年修订版教材中的第五章第三节"我国公民的基本权利和基本义务"内容扩充而来的，且对公民的权利与义务阐释得更详细具体，篇幅由原来的四页扩展到三十页。第三，由"法制"教育内容转向"法治"教育内容。2015年修订版教材对相关术语的表述进行了更新。如将2013年修订版教材中的第五章"领会法律精神　理解法律体系"的表述更新为新版教材中的"学习宪法法律　建设法治体系"，突出了宪法的至高无上的地位，实现了由"法律体系"到"法治体系"的提升。总体来说，本次修订教材中的法律基础部分内容更注重"法律的概念、渊源"等在内容结构体系中的基础作用，实现了由"法制"教育内容向"法治"教育内容的转化，充分体现了党的十八届四中全会"全面依法治国"的精神，使内容更具思想性与时代性。

为了充分反映习近平新时代中国特色社会主义思想和党的十八大以来中国特色社会主义法治实践要求，进一步贯彻落实党的十九大精神，教材修订组于2018年对2015年修订版教材进行了重新编写。2018年修订版教材中的法律基础部分内容安排在第六章"尊法学法守法用法"，由"社会主义法律的特征和运行""以宪法为核心的中国特色社会主义法律体系""建设中国特色社会主义法治体系""坚持走中国特色社会主义法治道路""培养法治思维"和"依法行使权利与履行义务"六节构成。

这一时期的大学生法制教育内容的选择与确立着眼于全面提升大学生综合法治素养，内容结构体系的构成要素逐步走向多元化，内容结构体系的逻辑更加严谨。从内容要素方面看，既有一般意义上的法律及其发展史、社会主义实体法与程序法等法学基础理论内容，使大学生在中小学法律常识"知其然"的基础上，进一步解决"知其所以然"的问题；又有关于建设社会主义法治的原则、意义、方法等内容，帮助大学生树立法律至上、维护法律尊严的意识；还有与大学生日常学习生活息息相关的法律权利与义务相关内容，促进大学生提升用法能力。从内容逻辑结构看，内容的设置基本上遵循了学生的认知规律，即由法律知识积累到法治意识增强再到法治能力提升的逻辑顺序。但我们也发现，新修订的教材中法律基础部分的内容体量相比之前的版本有所减少。

第二节 微时代大学生法制教育存在的问题

我国虽然已经确立了"依法治国"基本方略，将"依法治国"写入宪法中，并为此不断努力，积极完善各项法律法规。但是由于各方面的影响，从总体上来说，我国大学生法制教育还存在一些问题。

一、大学生法制教育形式存在的问题

研究显示，在被问及"您对通过微博、微信等媒介加强大学生法制教育的看法是什么"时，选择赞成、比较赞成、特别赞成的学生总比例达83.3%。通过这一数据充分说明大学生还是比较青睐于充分利用微媒体这一种方式来进行法制教育的。

第一，过于依靠传统的说教方式，忽视了大学生的主体地位。方法是打开问题的试金石，有了好的方法自然所有的问题都能够迎刃而解。好的方法可以发挥事半功倍的作用，同样的，如果方法不正确也有可能使人付出更多的努力，还达不到理想的效果。在时代发展日新月异的今天，形势发生了很大的变化，但是大学生法制教育却没有与时俱进。当前的大学课堂仍然以教师讲授、学生听课的形式为主，教师仍然是课堂教育的主角，教师和学生之间缺少有效的沟通和交流，同时也缺少对学生主体地位和需求的重视，忽视了大学生的自我教育。很显然，这样一种传统的教学方式在一定程度上影响了大学生法制教育目的的实现，已不能适应新时期的新要求。

第二，注重理论灌输，忽视具体实践。长久以来，教育纯粹知识化的问题就一直存在于我国的大学生法制教育之中。就是说，精简繁杂的教育过程，使教育成为几个简单原理和概念，然后再举几个例子阐述分析结论，得出的结论就直接传授给受教育者。这样的教育操作简单，便于评价，然而仅仅注重理论灌输，长期忽视具体实践，容易造成知行不一，认知与实践脱节。在大学生法制教育中，如果实践活动长期得不到开展，法制教育的预期效果将很难达成。

第三，教学渠道单一，忽视网络教学的作用。和传统的教学方式相比，网络教学更加注重特性与自主性。教育者可以充分运用丰富的互联网资源进行教学，极大地提高教育教学成果。大学生法制教育已经实施多年，但从整体上讲，还是没能在教学方法上有所突破，没能在教学渠道上有所改变。当前的教学渠道仍然很单一，大学生法制教育在一定程度上忽视了网络教学的巨大作用，不能将网络教学与大学生法制教育相结合，没能充分发挥网络教学在大学生法制教育方面的作用。

二、大学生法制教育队伍存在的问题

从大学生的角度分析微时代下大学生法制教育队伍存在的问题，在"大学生面对微博、微信等的影响，是否认为应该对大学生法制教育工作者提出更高要求"的回答中，多达 83% 的大学生持肯定意见。有效实施大学生法制教育，建立一支高品质的师资队伍是根本保证。但从目前来看，我国大学生法制教育师资队伍建设还存在很大的改善空间，主要存在以下几个方面的不足。

第一，师资力量过于薄弱，专业性不强。目前，我国部分高校从事法制教育的教师组成相对比较复杂，统一课程的教师可能来自不同的学院，有些课程还可能由法学专业的在校大学生来授课。这些课程教师的法律知识水平良莠不齐，授课水平参差不齐，如果没有接受过专门的法学知识的培训，难以领悟到法律知识的实质和精要部分，容易导致大学生法制教育课程流于形式，教学效果和教学目标很难得到实现和保证。

第二，媒体素养有待提升。从高校教育的发展来看，微媒体的优势主要表现为形式多样化、信息新颖化。通过微媒体即可完整再现真实的大学生法制教育状况，这对于当下增强大学生法制教育效果具有重要的意义。现阶段，一些效力于大学生法制教育工作的教师对微媒体的参与度较低。有些大学生法制教育工作者缺乏微媒体意识，不了解和不熟悉各微媒体平台，缺少积极参与利用微媒体从事大学生法制教育的热情，其微媒体素养有待提升。

第三，对教育课程缺乏重视。在现今社会，有些教师认为大学生的主要任务是认真学习学校安排的各门课程，学会专业知识，完成相应的各种考试，对于各种法制知识的学习和了解无关紧要，大学生法制教育可有可无。教师对思想政治课程有所忽视，很容易影响大学生法制教育工作的顺利进行。因此，大学生就很难学到最全面、最系统的法制知识，不利于大学生养成良好的法治素养，甚至还有可能影响大学生整个法制教育效果。

三、大学生法制教育环境存在的问题

对于"您认为当前大学生法制教育所面临的挑战来自哪些方面"这一问题的回答，绝大多数学生认为网络环境、学校环境以及社会环境等对其影响较大。无论是网络环境、学校环境，还是社会环境对大学生法制信仰、法治素养的形成都起着不可忽视的作用。

第一，缺乏有效监管，信息质量良莠不齐。在各大微媒体平台中，各种信息铺天盖地而来，可以说已经形成了一个百花齐放、畅所欲言的言论天地。虽然这些丰富多彩的信息丰富了大学生的视野，但是由于网络信息的特殊性，缺乏有效监管，信息质量良莠不齐，如果不注意辨别的话，很有可能影响大学生的行为习惯，甚至对整个大学生法制教育工作产生不利的影响。

第二，大学生法制教育氛围不够浓厚，宣传力度有待加大。良好的大学生法律教育氛围有利于大学生法制教育的顺利开展，有利于提高和培养大学生法治素养，从而改善我国大学生法制教育的现实状况。现阶段，部分高校认为大学生法制教育是可有可无的，大学生最主要的任务就是好好学习各门专业课程，完成相应考试。学校领导对大学生法制教育重视程度不够，法制教育氛围不够浓厚，宣传力度也有待加大。

第三，负面信息广为存在，社会负面影响巨大。社会是一个复杂的有机系统，良好的社会环境有利于大学生树立正确的法制观念，有利于大学生法治素养的提升，有利于大学生培养崇高的法治信仰。随着社会的不断多元化发展，不同国家的传统文化、价值观念不断流入我国，错综复杂的信息降低了大学生法制教育的实效性，甚至还有一些负面信息广为存在，侵蚀了大学生的思想，对大学生法制教育带来了许多不利影响。

四、大学生法制教育载体存在的问题

研究表明，有大约 34.5% 比例的大学生认同"教师等大学生法制教育工作者利用微博、微信等微媒体开展大学生法制教育工作"这一观点，并且有占比 36.4% 的大学生认为微时代对大学生法制观念有影响，但被问及"法治素养主要依靠什么方法提升"时，大多数的大学生选择了"自学提升法制认知"，持这一观点的大学生占调查人数的 62.8%。这也充分说明大学生法制教育是随着时代的变化而不断丰富其文化内涵的。不可否认的是，微信、微博等微媒体已经成为大学生最喜爱的一种交流方式，同时越来越多的高校认识到微媒体对促进大学生法制教育的重要性。但是就目前的发展情况来看，大学生法制教育载体具有如下几方面的问题。

第一，校园媒体管理机制不健全，媒体资源缺乏有效整合。媒体资源主要是指媒体所拥有的新闻传播资源，是一个相对宽泛的概念。虽然各大微媒体中均有非常丰富的信息资源，但是真正可以被利用的资源非常少，大学生法制教育中的法制教育资源缺乏有效整合，尤其是校园媒体并未真正应用到大学生法制教育工作中。在微时代，加强大学生法制教育一定要健全校园媒体管理机制，重新调配和合理安排媒体资源。

第二，课程建设与时代脱轨。当前大学生法制教育还存在各方面的问题，课程建设中还存在诸多不尽如人意的地方，要从课程设计、实施以及评价环节融入微媒体的新元素，积极突破传统法制教育的局限，勇于构建全新的以微媒体为主的法制教育新体系，从而改变大学生法制教育课程落后微时代发展的现状。脱离大学生法制教育本质的课程设计、实施、评价，从客观上说这与大学生的全面发展存在较大的落差。而且不难发现，在当代大学生法制教育工作中，仍然以线下法制教育为主，而对各微媒体的利用并不多，已有的线上法制教育也缺乏一定的针对性。特别是在时代进步的今天，如果不能与时俱进创新教育课程的话，那么将拉大与时代发展的差距。

第三，微平台利用率低，缺乏创新。在微时代，海量的信息以及交互平台时时刻刻都刺激着大学生的神经，并深刻影响着他们的价值观，他们最关注的不再是法制教育理论的高深和法制教育学科的科学性、系统性和严谨性，而是花费大量的时间来浏览微博、微信等微平台发布的各类信息。大学环境相对比较自由，大学生课余时间充足，教育者如果不能充分利用微平台对大学生进行积极引导，大学生的价值取向也许会偏离正确的轨道，对问题的认识会产生一定的偏差，甚至会萌生与社会主义核心价值观、法制观相悖的价值观念。

第三节　微时代大学生法制教育面临的机遇与挑战

一、微时代给大学生法制教育带来的机遇

微时代为广大大学生的生活、学习注入了新鲜的元素，拓宽了大学生法制教育的时空范围，进一步丰富了大学生法制教育的内容，创新了大学生法制教育的方法和模式，而且提升了大学生法制教育的效力，为大学生法制教育带来了新的发展机遇。

（一）拓宽了大学生法制教育的时空范围

对大学生进行法制教育的时间可以由过去的八小时延长至十小时，甚至更长，这样一来大学生随时都可以受到来自大学生法制教育的熏陶。特别是日渐完善的微媒体进一步丰富了网络虚拟空间，大学生法制教育由此突破了空间限制，走出了校园，走向了更广阔的天地。大学生只要携带现代的通信工具并具备互联网连接的条件，就可以即时分享生活中的点点滴滴，或是自由点击自己

感兴趣的内容，收集有用的信息，并发表相关评论。除此之外，这有利于大学生法制教育工作者随时随地了解大学生的生活状况、思想动态，并及时给予大学生教育、引导，从而摆脱大学生法制教育的时空束缚。例如，大学生法制教育是高校对大学生进行毕业从业指导中的一个必要板块，现如今很多高校都深刻意识到在从业指导中加强大学生法制教育的重要性和必要性。因此，在大学生毕业前夕，针对大学生就业常常遇到的三方协议、劳动合同、试用期的约定、违约、违约金、劳动争议等相关法律问题，大学生法制教育工作者可以利用微博、微信等平台发布一些常用的解决方案，倡导大学生拿起法律武器捍卫自己的合法权益。

（二）丰富了大学生法制教育的内容

大学生法制教育的内容主要包括法律相关知识教育、法制意识教育、法制实践教育、遵纪守法教育等内容，这些内容是复杂的、多方面的，而且会随着时代的变迁而发生变化。大学生是我国法治文化的传承人，也是法治文化的得益人。因此，了解法治文化、传播法治理念、提升法治素养、树立法治信仰既是大学生的责任，也是大学生的义务。然而，生存于现实社会中，大学生背负着生活、学习和工作等各方面的压力。同时，一些高校的领导者没有足够关注大学生法制教育的开展情况和发展方向，而且现今法制教育的内容枯燥、脱离实际，且多以专业术语为主，很显然这样的教育和引导方式很难引起大学生获取知识和技能的兴趣。

微时代的显著特点就是信息筛选自由、信息量充足、信息传播辐射面广而且影响力大，微博、微信等平台不仅逐渐发展成大学生获得资源、发表言论、沟通互动的平台，也为教育者顺利开展法制教育工作提供了丰富的资源，在很大程度上丰富了微时代大学生法制教育的内容。运用微博、微信等平台，可以让大学生轻轻松松地理解枯燥乏味的法律知识，可以使用图片让大学生轻松记忆各种烦琐的法律条文，也可以让他们时刻关注和监督一些热门法律案件的进展。在微博、微信等提供的平台里，没有地域限制，没有国界限制，大学生可以随时随地了解世界各国法治文化、法制建设的进程与发展。大学生可以在这个平等的平台上进行无障碍交流与互动，能够对一些法律案件发表自己的言论，或者展开激烈的争论，并通过一些法律专家的评论讲解，让自己吸收更多的法律知识。广大大学生法制教育工作者只要登录微博、微信等公众平台，就可以迅速了解和掌握各种信息。比如，关注"中国新闻周刊""今日头条"等能够及时了解最新的时事新闻，关注"法治中国""法治在线""社会与法"等，就能了解有关法制教育的宣传信息。大学生法制教育工作者可以从他们所关注的信息里筛选出来一些教育意义重大而且大学生感兴趣的内容，运用到实际的大学生法制教育工作中来，这样一来大学生法制教育的内容在一定程度上就会得到丰富和完善。这不仅使大学生法制教育贴近大学生的生活，而且大学生也乐于学习与接受，这对于提高大学生的法治素养具有积极的意义。

（三）创新了大学生法制教育的方法和模式

21世纪是文化多元化时代，是网络技术飞速发展的时代，是一个全新的时代。随着信息全球化浪潮的强烈冲击，这个时代的社会生产和生活方式、管理方法、思维模式等都有了极大转变，高校大学生的法制观念也随之发生了深刻而复杂的变化。与此同时，微时代大学生法制教育又多以思想政治课为主，大多采用的是单一的以说教为主的方法。这种教师讲授，学生被动接受，"一对多"的传统教育模式，缺乏足够的互动机制，师生之间缺少有效的沟通桥梁。在微时代，信息传播速度飞快、沟通便捷等特征为创新大学生法制教育的方法和模式，提高大学生法制教育有效性提供了新的方式和实施措施。在微时代下，每一个大学生都可以自由地传播信息，每一个接收者也可以快速地对信息进行自主地接收和转发，呈现出的互动性极其显著。教师与学生之间进行亲密互动，可以充分激发大学生主动学习的激情和热情，让大学生自觉自愿地加入学习与实践中来，让他们在毫无压力的良好氛围中学习法制教育的内容，感受法治精神的力量。大学生法制教育工作者可以充分利用微时代的优势，开展各种形式、灵活多变的大学生法制教育活动，创建多渠道、标准化以及科学化的教育模式，将烦琐的法律知识蕴含在零散的信息传播中，将大学生法制教育的内容融入大学生的日常学习和生活当中，既要不偏离大学生法制教育的核心内容，又要便于大学生接受和消化，做到润物细无声，从而达到大学生法制教育的目的，实现大学生法制教育的目标。教育工作者也可以使用微博、微信等相关应用将大学生法制教育由课上转移到课下，打破了大学生法制教育局限于课堂，拘泥于课本的传统教育模式。

（四）提升了大学生法制教育的效力

在我国，各高校的首要任务和职责就是培养有知识、有文化和有能力的社会主义人才。党的十八大提出"深入开展法制宣传教育""把法制教育纳入国民教育体系"等任务，并且随着我国法制进程的不断加快，各高校逐渐重视大学生的全面发展，尤其是越来越重视大学生法制教育，法律基本知识以及法治意识教育都已进入高校培养方案。但是，在高校中，法律基础知识虽已进入课堂，由于受传统教育模式的影响，基本上都是以直接传授和灌输知识为主，没有注重对学生法治意识的培养，没能引导和教育大学生树立正确的法治信仰。加之我国社会主义法治体系不完善，法律缺少应有的威信和权威，社会不良现象和风气的影响，以及大学生缺乏应有的法治意识和法治素养等多方面的原因，我国当前的大学生法制教育未能取得明显的教育成果。微博、微信等平台的应用为大学生法制教育带来了福音，提升了大学生法制教育的效力。

在高等教育阶段，因为时间、距离等因素教师与大学生常常难以进行面对面的交流，加上教师日常工作任务重，面对的大学生多，但接触时间短，教师根本无法清楚地了解大学生的法制观念、法律意识、法治素养等。利用微博、微信等平台，教师能够及时和学生获得联系，及时知晓和掌握学生的动态，或是通过发布文字、图片等信息引导大学生养成遵法守法的好习惯，树立正确的法治意识。微博、微信等平台为我们提供了一个人与人之间没有界限的虚拟世界，在这个虚拟世界里，学生能够忘掉教师的权威身份，能真诚地与教师沟通与交流。教师也能够借用这个平台言传身教，现身说法，与学生畅所欲言。这样不仅能够消除大学生的戒备心理，拉进与教师的距离，且更有利于增强彼此间的信任，从而在不知不觉中让学生收获法律知识。通过这样一个虚拟平台，教师不仅可以很好地发现需要关注的大学生以及需要关注的问题，而且能通过对这些学生的进一步了解，具体问题具体分析，有针对性地解决问题，将违法犯罪的想法扼杀在萌芽中，对预防违法犯罪行为的发生与发展均有很大的帮助。

二、微时代下大学生法制教育面临的挑战

微博、微信等应用一出现就在大学生中得到了广泛的传播与发展，既拓宽了大学生法制教育的时空范围，丰富了大学生法制教育的内容，创新了大学生法制教育的方法和模式，提升了大学生法制教育的效力，也对大学生法制教育提出了挑战。

（一）"微主题"干扰了大学生法制教育的旗帜方向

在传统的大学生法制教育模式中，要实现大学生法制教育就必须充分利用"高校"这一阵地，通过高校的思想政治课教学、主题讲座、主题报告、主题班会以及社会实践活动等途径来完成。教育工作者可以根据自己所确定的教育主题，设定自己的教学目标，然后选择特定的知识背景、教学材料、典型案例等对大学生进行法制教育，进而实现最终的教学目标。通过特定的时间与空间对大学生进行法制教育，宣扬大学生法制教育主旋律，具有很强的可操作性，

教师与学生实现直接面对面沟通和交谈，更容易产生强烈的共鸣。

在微时代，人人既是信息的发布者，也是信息的接收者。微时代瞬时性与互动性的信息传播，大大增加了网络信息的数量，海量化的信息引发了信息内容的去中心化，各种信息宣扬的主题逐渐趋微化，干扰了社会主义法制教育主旋律的推进。微时代信息传播的多样性使大学生可以根据自己的兴趣浏览、收藏、转发、评论各种信息，这样有利于提高大学生主动学习的积极性，但对于大学生法制教育工作者而言，其工作则显得很被动，增加了大学生法制教育工作者掌握话语权的难度，从而使大学生法制教育的主旋律受到了巨大的冲击。在微时代，面对铺天盖地的信息，大学生常因经验少，缺乏阅历，缺乏鉴别真假信息资源的实力，发布或是转发一些谣言，从而在不知不觉中动摇了社会主义法制的权威，触犯了法律。或者是大学生在参与各种问题的讨论时，往往容易淡化大主题，而无限放大小事件，从而导致其价值观偏离，引起对主流思想的误解，干扰了大学生法制教育主旋律的弘扬。

（二）"微传播"增加了大学生法制教育的工作难度

在很长的一段时期内，大学生法制教育工作者都是通过课堂教育、主题讲座和树立典型等教育方式向大学生传递正确的社会主义法治思想，宣扬社会主义法治精神，使大学生树立正确的法制观念，树立牢固的法治信仰。大学生法制教育工作者可以通过监督和管理，及时扼制反面信息的传播与扩散。面对出现的问题，大学生法制教育工作者也能有针对性地提出解决办法。然而，微时代的来临颠覆了这一切。微时代的信息不再是单向传播而是多向的，辐射范围广。在现如今的大学校园里，运用微博、微信等平台，大学生可以随时随地接收和传播信息。信息的发布和扩散突破了时间和空间的双重限制，具有很强的不可控性，大学生法制教育工作者控制和主导信息传播的工作越来越难以开展。但若不能及时将一些错误观念排除掉，将会扭曲大学生的价值观念，甚至会导致大学生视法律于不顾，最终走上犯罪的不归路。在微时代下，大学生遇到各式各样、多而杂乱的信息，常常会产生很多疑问。无论是在课上，还是在课下，他们都希望可以在第一时间解决问题，如果教育者对大学生的关注和教育不到位，就有可能发生大学生犯罪案件，在无形之中大学生法制教育工作的难度就大大增加了。大学生法制教育工作者必须要进一步解放思想，围绕学生的需要，充分熟悉和了解微时代的特点，提高微媒体的利用率，并且力争将大学生法制教育工作的难度降到最低。

（三）"微速度"挑战了大学生法制教育者的权威地位

法制教育工作者是当代大学生的直接接触者，是高校对大学生进行法制教育的承担者、发动者、执行者以及指导者，是有效实施大学生法制教育的骨干力量，在大学生法制教育中起着主导性和决定性的作用。大学生法制教育工作者在获取信息方面一直占有绝对优势，在大学生当中能够建立威信并且取得学生的认可，具有绝对的权威。微时代信息传播十分迅速，大学生不需要耗费大量的时间和精力就可以获得大量的信息资源。在微时代下，大学生的个性得到了最有力的发展。一些大学生法制教育工作者由于科学技术素质不高，缺乏及时获取信息以及筛选信息的能力，不能在第一时间把握最新的信息，在很大程度上失去了优先获取信息的有利条件，削弱了大学生法制教育工作者的信息优势地位，教育主体不再是教育的核心人物而是平等参与法制教育全过程。

大学生法制教育主导者的角色逐步被弱化，其权威地位受到冲击。因此，为了顺应时代的变化与发展，大学生法制教育工作者务必持续刷新观念，提升全方位的素养，增强信息敏感性，提高自身快速应对突发性与动态性问题的能力，随时准备迎接微时代的各种挑战。

第五章 微时代背景下大学生思想政治教育与法制教育

思想政治教育是一项需要与时俱进的工作，在微时代全面影响思想、文化、生活的当今社会，要全面了解微时代的特征，深入掌握微时代背景下思想政治教育的新规律，充分论证微时代背景下思想政治教育的新方法、新途径。当今社会舆论环境复杂，思想引领难度加大，坚持不懈地对大学生进行有效的思想政治教育，是我国社会主义目标最终实现的有力保障。

第一节 微时代背景下大学生思想政治教育的发展

一、微时代给大学生思想政治教育带来的机遇

微博、微信的迅速发展和广泛传播除了为大学生提供了更便捷的信息渠道、更广阔的交流以及娱乐平台以外，同时也为思想政治教育工作带来诸多积极的影响。

（一）拓宽了大学生思想政治教育的时空范围

微时代环境中信息传播具有快捷性、互动性、开放性等特征，使思想政治教育不再拘泥于课堂，首先在时间上把握先机，由过去"八小时内"向现在"八小时外"延伸，学生受到思想政治教育熏陶的时间更长，在空间上也走出了校园。手机智能化和微工具操作的简单化给思想政治教育工作者提供了便利，其只要登录微博、微信就可以随时看到学生的生活及思想动态并及时予以教育引导，摆脱了以往思想政治教育时空局限的束缚。比如，针对大学英语四、六级考试前期校园内张贴作弊小广告现象，思想政治教育工作者可以利用微博倡导诚信

考试，教育学生诚实做人。这样思想政治教育就突破了时空的限制，同时也提高了思想政治教育的实效性。

（二）丰富了大学生思想政治教育的内容

微时代的显著特点之一就是信息量充足，微博、微信不仅为大学生提供了获得信息、表达观点、交流思想的平台，也是开展大学生思想政治教育工作的信息资源库。只要登录微界面，各种信息就可以一目了然，用户还可以关注"思想政治工作研究""中国新闻周刊""首都百万师生微党课"等媒体，了解最新时事新闻以及思想政治教育的宣传信息。思想政治教育工作者可以从中挑选学生感兴趣并且有教育意义的信息，将其运用到实际工作中来，丰富大学生思想政治教育的内容，使思想政治教育更加贴近大学生生活，让学生乐于接受。

（三）创新了大学生思想政治教育的方法和模式

传统的思想政治教育方法以灌输式教学为主，学生只是迫于考试和升学压力，被动接受。因此"教师在台上讲得滔滔不绝，学生在下面听得昏昏欲睡"的现象在各高校思想政治教育课上已屡见不鲜。微时代信息快速传播、互动性强、同步交流等特点为创新思想政治教育方法，提高思想政治教育实效性和扩大思想政治教育影响力提供了新的方法和手段。思想政治教育可以充分利用微时代的互动性、开放性等特性充分调动学生的积极性和主动性，告别过去单一的教师指示、命令，学生服从、接受的模式，让学生自愿地参与到教学实践中。

二、微时代大学生思想政治教育面临的新问题

大学生群体的智力禀赋和环境优势使其更容易成为新型信息技术手段的敏感群体，对掌握新型信息文化传播方式有便捷的渠道和巨大的扩散效应。因此，大学生更容易成为微时代新的信息传播方式的推动者和引领者。而这种短小简便的信息文化传递方式也直接影响了大学生的社会心理状态和思想状态，向思想政治教育提出了一些新问题和新挑战。

（一）微时代下的大学生微行为

在微时代背景下产生的行为可以被称为微行为。短小是微时代背景下媒体语言的重要时代特色之一，如微博、微小说要求一次表述不超过140字，微电影放映时长不超过300秒等。这些都极大地适应了当今社会人们的快节奏生活，使人们可以便捷高效地接收数量庞大、种类繁多的信息。但这种要求却不可避免地使信息呈现出琐碎、不完整等特点，因而所表达的文化内涵也缺乏深度和

系统性。媒介是文化的载体，但微媒介对内容简短的要求，使媒体工具的选择性很强，文化内涵的完整性被破坏，因而形成了一种浅尝辄止的文化舆论氛围。这种倾向对大学生的生活也产生了很大影响，使大学生对知识学习不求甚解，缺乏深入探索精神；对社会问题的了解肤浅，缺乏持续关注和深入研究等。这些都直接影响了当代大学生的言行举止和人生态度，呈现出一种集体浮躁的心理状态。

微时代背景下的另一重要时代特色是追求高速传播。无论是哪种微媒介，其主要作用就是延伸人际关系链条，扩大舆论影响力，将自己的生活状态、价值取向、社会观察结论、基本观点以最快方式传递给最多的人。这就容易产生为了追求快速吸引眼球而夸大甚至扭曲事实，采用极端态度和言语表达价值取向，忽视基本道德规范和社会主流价值，违反大众文化追求小众文化等问题。由于大学生处于世界观、人生观、价值观的形成期，面对复杂的社会舆论环境和海量信息，其虽然吸收新鲜事物的能力较强，但辨别是非的能力较弱，抵制不良影响的能力较差，因而这些问题在大学生群体中表现得尤为突出。

（二）微时代的大学生微心理

在微时代背景下产生的心理可以被称为微心理。微时代背景下人们的网络人际空间空前膨胀，在网络环境下，可以随意认识任何人、说任何话，由关注度引发的自我价值肯定满足了寻求自我价值实现的心理，抵消了现实生活中的人际关系挫折感，因而会更加依赖这种虚拟时空带来的需求满足感，而放弃现实生活中的人际关系。大学生进入一个陌生的环境，一些学生不能很好地适应大学生活，对大学人际关系产生疏离感和惧怕感，转而投入网络人际关系的构建中，在那里寻找满足感。虽然这在一定程度上能够缓解现实挫折所带来的心理情绪，但却不能从根本上解决人际关系供求矛盾，从而导致现实人际关系的恶化。这一恶性循环会加剧这些大学生在现实生活中的自卑情绪，从而产生自闭行为。网络环境中的"得意"与现实生活中的"失意"这一矛盾又为大学生的心理增加了一层沉重的负担，进而引发其心理问题。

三、微时代大学生思想政治教育面临的新挑战

微博、微信一出现就以迅雷不及掩耳之势在大学中广泛传播发展，既丰富了大学生思想政治教育的内容、创新了思想政治教育的方式，也对大学生思想政治教育提出了新的挑战。

（一）大学生思维方式和心理发展受到影响

大学阶段是大学生世界观、人生观、价值观形成的重要时期，他们容易接受新鲜事物和思想，但也很容易迷失方向。微博、微信是当今大学生宣泄情绪、交流思想的一个主要平台，但基于网络时代网络信息泛滥，真假难辨，大量带有个人感情色彩的信息使接收者难以正确判断。大学生根据自己的需要选择性地接收信息，这就难免有部分学生会受到微博上一些个人主义、拜金主义、享乐主义等思想的影响，产生多元化的价值倾向，滋生自私、自利的想法和"重享受，轻奉献"的思想。

（二）大学生思想政治教育工作者的传统权威地位受到挑战

教师在传统的思想政治教育中是拥有绝对权威的，但是微环境却动摇了思想政治教育工作者的这一传统地位。信息时代思想政治教育工作者知识结构老化、科学技术素质薄弱的问题相当突出，其也欠缺及时捕捉网络信息的能力，对最新的信息不能在第一时间掌握，这样其就不再具有传统的信息优势了。因此，微时代环境要求思想政治教育工作者必须适应时代变化和大学生主体的变化，不断更新思想观念，提高综合素质和人格魅力，随时准备迎接挑战。

（三）传统的思想政治教育方法受到冲击

微博、微信的出现对传统的思想政治教育工作方法提出了严峻的挑战，仅仅依托马克思主义理论课和思想政治理论课教学、观摩教学、实践活动等教育方法明显已不太适应新时期思想政治教育的需要了。微时代信息传播极其迅速，网络资源极为丰富，大学生可以通过关注自己感兴趣的网站、机构的微博进行自我教育，可以随时随地互动对话，也可以与同学交流观点，开展同辈群体间的教育。他们不再是被动地接受灌输，而是主动地去关注、学习。如何利用微时代的优势，创新工作方法，适应微时代发展是大学生思想政治教育亟待解决的问题。

四、微时代改进大学生思想政治教育的措施

高校思想政治教育肩负着培养人的任务，目的是提高大学生的思想政治素质，促进大学生的全面发展。在微时代背景下，高校思想政治教育工作要贴近学生的生活实际，满足学生的需求。因此，我们必须顺应时代发展，提出改进大学生思想政治教育的措施。

大学生法制教育的价值在于倡导法制精神，树立法律的权威性，使大学生都能够成为具有较高法律素质的公民。高校作为教育主体，应明确并适时培养大学生法制教育基本理念。当前，大学生法制教育的基本理念的培养应遵循以下三点：第一，树立法律的权威性，使大学生拥护法律，遵守法律；第二，培养大学生的权利意识，权利和义务在法律之中是最基本的内容，对大学生进行权利和义务意识教育，使大学生能够妥善处理好自身权利与他人权利，自身权利与集体、公共利益等之间的关系；第三，培养大学生自觉守法的意识。自觉是关键，是一种由内心发出的意愿，让大学生做到自愿守法。

（二）注重对大学生法律信仰的培育

大学生的信仰观念会随着环境的变化而不断更新，高校应该时刻关注这一现象。强化大学生法律信仰教育，有助于增强大学生的法律意识，使之树立正确的法制观念，加快和完善大学生法制教育进程。高校"思想道德修养与法律基础"课程中的法律教学内容存在着重知识传授而轻意识引导的倾向，这样容易造成学生学而不用、知而不信的现象。"法律必须被信仰，否则它将形同虚设"，法律信仰是人们对法律的一种认同态度，只有信仰法律，才能做到守法、护法。如果教师只单纯讲授教材知识，忽略对大学生进行法律意识的引导，这将导致大学生法制教育的课堂效果远达不到大学生法制教育的预期效果，大学生也不能从心底对法律产生信仰。高校法制教育课程不能只注重对于法律条文的讲解，还要更多地关注对大学生应用法律的意识和能力的培养。教师是与受教育者即当代大学生直接的接触者，他们所持的教育目标和教育手段正确与否直接关系到整个法制教育目标能否实现，教育效果能否体现，这在大学生法制教育过程中发挥着至关重要的作用。因此，教师应在讲授法律教学内容的同时，更多地注重对大学生法律信仰、法制观念的培养和引导。

二、完善大学生法制教育内容

（一）完善大学生法制教育公共必修课内容

大学生法制教育是一项理论与实践相结合的教学活动，理论教材是根本，是所有实践的精神支撑。因此，教材要与时俱进，具有时代性。具体可以从两方面进行完善。

第一，教材必须符合社会发展趋势，具有创新性。理论教材是大学生法制教育的根本，是教师传授法律知识的根源，是引导大学生法律意识形成的基础。教材的内容体现着法制教育的内容和目标，体现着法制教育传承的精神，因此，必须具有时代性和创新性。当前，各高校非法学专业通用的法制教育教材主要是《思想道德修养与法律基础》。这本书主要有三大特点：一是知识性；二是宏观性；三是法学化。《思想道德修养与法律基础》是教育部编制的法制教育课程专用教材，教材基本内容和教育方向都适合非法学专业学生。同时，教材基本上每三年修订一次，具有时代性，符合广大大学生的需要。但是，教材除了要具有时代性以外，还应具有一定的趣味性。教材应当将案例作为主导方向，贯穿在所有的知识点当中，在章节后可以设置个案分析、模拟训练等模块，强化大学生理论与实践相结合的技巧。

第二，将教材与先进的教学技术并用。现在传统的教材多为纸质教材，大学生已经厌倦了纸质的书籍，喜欢新鲜事物，单纯依靠传统教材完成法制教育课程，大学生的兴趣很难被激发出来，课程的实效性无从体现。为打破传统教材的单一模式，我们可以把现代教育技术运用到法制教育教学之中，有效提高法制教育教学的质量和效果。高质量的教材不仅能使我国的教育事业拥有崭新的面貌，还能方便大学生学习和吸收法制教育课程内容，同时促进师生之间情感沟通。

（二）突出大学生社会主义民主教育和权利意识教育

《中共中央关于社会主义精神文明建设指导方针的决议》指出："高度民主是社会主义的伟大目标之一，也是社会主义精神文明在国家和社会生活中的重要体现。"

为了实现这一战略性目标，就必须在大学生中广泛进行社会主义民主教育。社会主义民主是指在社会主义国家，以工人阶级为领导的全体人民在共同享有对生产资料的不同形式的所有权、支配权的基础上，享有管理国家的最高权力。对大学生进行社会主义民主教育，就要使大学生认识到，社会主义民主与资产阶级民主的本质区别，要引导他们正确认识民主和专政、民主和集中、民主和法制的关系。

加强对大学生的社会主义民主教育，能够帮助大学生正确地行使民主权利，自觉地遵守国家法律，维护社会主义法制秩序。加强大学生的权利意识教育，可激发每个大学生学法、守法、护法、用法的积极能动性，同时，也必然能推进社会主义精神文明建设和国家民主法制建设。在高校中，大学生法制教育课程是对大学生进行权利意识教育的主要途径，作为大学生应该掌握《中华人民共和国宪法》和其他法律所赋予公民的基本权利。教师在向大学生传授权利意识等知识的同时，也要提高大学生的法律意识和法律素养。因此，加强对大学生权利意识教育和社会主义民主教育是必不可少的。

（三）注重大学生法制教育与德育和心理健康教育相结合

1. 大学生法制教育与德育相结合

法律和道德同属于社会意识形态范畴，它们相互影响又相互渗透。它们都是调整人与人、人与社会之间行为的规范，但也存在不同之处。道德是人的自身修养，是做人最基本的准则，是要靠自己去遵守的；而法律是为了约束人们不合法的行为所制定的强制性规范。两者虽有不同，但也是相互促进的关系。

对大学生进行法制教育的同时要注意将法制教育与德育相结合，充分发挥德育的教育指导作用。同时，提升大学生的道德素质是因为大学生道德素质的高低直接影响着法制教育效果的好坏，也影响着大学生法制观念的提升效果的好坏。法制教育既是一门法律知识基础课程，也是一门品德教育课程。所以，使大学生法制教育与德育互相结合、互相渗透，是法制教育的需求，也是思想政治教育的客观要求。

2. 大学生法制教育与心理健康教育相结合

大学生的心理素质是在家庭、学校、社会等多方面环境的影响下逐渐形成的，他们的心理一旦出现问题，对社会、对他人、对自己都具有一定的危险性。学校是大学生心理健康教育的主阵地，学校教育的任务是不仅要培养大学生的政治素质、道德素质、法律素质、文化素质、身体素质，还要培养大学生良好的心理素质。

因此，心理健康教育在大学生的学习成长阶段一直是非常重要的。它关系着大学生的身心是否能够健康发展，关系着大学生的人格是否能够健全形成，关系着大学生的适应能力是否能够得到提高。大学时期对于学生而言非常关键，大学生的思想观念、性格性情都处在发展和形成当中，而且认知能力和处理能力又有限，在面对矛盾时，他们的思想容易偏激，行为容易极端。这时，教师要对他们进行心理的疏导，帮助他们端正心态，正视矛盾。因此，我们就要在加强大学生法制教育的同时，加强大学生心理健康教育，确保大学生都能拥有较强的心理素质。综上所述，将大学生法制教育与心理健康教育相结合，有利于大学生法制教育目标的实现，有利于推进法制教育的创新，有利于大学生健康心态的培养。

三、改进大学生法制教育的实践途径

（一）增加大学生法制教育活动和社会实践

社会实践活动是大学生思想政治教育的重要组成部分，也是法制教育取得实效的必要条件。有目的地开展法制教育实践活动能够使大学生有效地将法律理论知识应用到实践中，并在实践中提高自身的法律素质和解决问题的能力。因此，大学生法制教育应坚持理论与实践相结合的基本原则，充分体现社会实践活动在大学生法制教育中的地位和作用。

1.建造法律实践教室

大学生法制教育实践的目的是使大学生将课堂上所学到的法律理论知识转化为实际应用中的法律意识和实践能力，大学生可通过总结实践经验，吸取教训，提高自身的法律素质。

大学生法制教育要想取得成效，必须坚持理论与实践相结合。建造法律实践教室是帮助大学生将理论转化为实践的有效方法。教师可以将法律实践教室布置成模拟法庭，使大学生有身临其境的感受，从而能够更加深刻地理解和体会法律理论知识。此外，教师也可以通过与有关部门建立联系，旁听审判，切实让大学生感受到实际的氛围，更重要的是能让大学生切身体会并了解审判的具体程序，提高大学生的法律意识，有利于大学生养成良好法律行为习惯，从而更有效地提高大学生法制教育的效果。

2.设立法律社团

学生社团是推动大学生素质拓展计划实施和大学生法制教育实践的重要载体，是构建和谐校园的重要组成部分。大学生除了要学好专业知识以外，还应该积极参加学校组织的各项社团活动，成为德、智、体、美、劳全面发展的社会人才。学校可以组建起多种形式的法律社团供大学生选择和学习，如辩论协会、演讲协会、法律咨询服务协会、普法协会等。参加这些社团活动，不仅能让大学生在课余时间开展有针对性的法律学习和竞赛，还可以使大学生的兴趣得到激发，各方面能力都能得到有效提升，从而更好地发挥法律社团第二课堂的育人作用，使其真正成为大学生自我教育、自我管理、自我服务的群众性组织，为大学生的成长、成才服务。

3.举办校园法律文化节

大学生正处在蓬勃发展阶段,喜欢和同学在一起共同学习、共同工作。因此,高校可以抓住大学生的这一心理特点，举办校园法律文化节，并通过在文化节上组织的丰富多彩的法制教育活动，调动大学生的兴趣，吸引大学生的目光，使大学生积极主动地参与进来。大学生可以通过校园法律文化节吸收更多的法律知识，掌握更多的法律常识，从而内化和提升其自身的法律文化素养，在一定程度上促进大学生法制教育的发展。

（二）扩大网络对大学生法制教育的积极影响

网络是一把双刃剑，它对大学生法制教育既有积极、正确的影响，也有消极、负面的影响。在信息化时代，接触网络人数最多的群体就是大学生，网络给大学生的学习和生活带来很多积极影响，但同时也产生了一些消极影响。高校应优化网络环境，扩大网络对大学生法制教育的积极影响，使网络为大学生的健康发展服务。

1. 加强互联网的监督管理

网络环境具有自由、开放的本质属性，在网络中，人们的思想和行为会比在现实生活中更自由，因为网络具有自由性和匿名性的特征，通过网络进行的交流大多都是匿名的。大学生的世界观、人生观、价值观还未成熟，思想容易受他人左右，有时不能辩证地分析问题，极易在网络中迷失方向。仅仅靠大学生的道德素质来维持网络秩序是远远不够的，监管部门必须加强互联网的监督管理工作，及时过滤可能对大学生产生负面影响的信息，维护网络环境。因此，必须建立健全网络管理的法律法规，保障网络环境的安全有序，从而也保证大学生的健康成长和互联网的良性发展。

2. 建设高校法律教育网

网络的迅猛发展给大学生法制教育带来了很大便利，高校领导应高度重视网络的巨大作用，充分利用网络这一重要工具，创新大学生法制教育教学方法，营造浓厚的法律学习氛围。例如，可以在校园里建设法律教育网，并及时注入最新的法制教育信息，充分利用法律教育网，让大学生能够在第一时间了解到法律相关信息，使大学生在积极、健康的网络环境中学习法律知识，推动大学生法制教育的创新和发展。

四、内化大学生的法制观念和法律意识

（一）调动大学生主动学法的积极性

当代大学生是祖国的未来，是民族的希望，是 21 世纪的接班人，他们身上肩负着伟大的历史使命，这在客观上要求我们必须重视大学生的法制教育。

当代大学生思维活跃，精力充沛，如果教育方法得当，调动他们的积极性与主观能动性并不难，只要把他们对法律知识的渴望和热情调动起来，法制教育的开展就会事半功倍。

1. 深入了解大学生的特点

当代大学生身上具有明显的特点，只要抓住他们的特点，就会很容易走进他们的内心。他们心中充满幻想，不愿被拘束，喜欢自由，但思想还不够成熟，在遇到问题时，行为有时会莽撞、冲动。高校在此阶段就扮演着非常重要的角色，教师在教授法制教育课程时，不仅要注意丰富教学内容，还要注重创新教学方法，不能一味地按照灌输式教育的思维进行知识讲授，而应深入大学生中去，了解他们的特点和想法，制定出符合大学生自身特点的教育方法和对策。深入了解大学生的特点这一方法能够推动大学生法制教育的发展，能够有效提高大学生的法制观念和法律意识。

2. 推行课堂"小奖励"

大学生正处于由幼稚走向成熟的过渡时期，期望被肯定、被赞扬。高校对大学生进行法制教育，要注重大学生这一心理特点。教师还应根据大学生不同的性格特点因材施教，在对大学生进行法制教育的过程中，在适当的时候给予肯定，在课堂上给予真诚的表扬和小小的奖励，使表现好的学生得到认可和及时肯定，把大学生学习法律知识的热情和积极性很好地调动起来。教师除了要抓住大学生渴望被肯定的心理特点以外，还应了解他们的兴趣所在，改变循规蹈矩的教学方法，活跃课堂的学习气氛，激发大学生的学习兴趣，增强大学生的学习信心，进而达到高校进行法制教育的目的。

（二）营造良好的法律氛围

1. 开展具有吸引力的法制宣传活动

开展法制教育宣传活动是推动大学生法制教育实践工作发展的有效途径，是大学生将法律理论知识与具体实践相结合的重要途径。每年12月4日是我国的法制宣传日，2019年法制宣传日的主题是，弘扬宪法精神，推进国家治理体系和治理能力现代化。积极向上的主题能够凝聚力量，传播法律精神，学校在开展法制宣传活动时也可以制定出一个活动主题，将大学生的力量集聚起来，开展法制宣传活动，弘扬法律精神。当然，学校除了在这一天加强法律知识宣传，开展法制宣传活动之外，更应在平时多开展一些符合当代大学生特点的、具有一定吸引力的法制宣传活动，如开展法律常识有奖竞赛、法制宣传小品征集赛、法制论文发表大赛等，充分调动大学生参与法律宣传的积极性，使大学生成为法制宣传的参与者和实施者。这样不仅营造了良好的法律学习氛围，还达到了理论与实践相结合的教学目的，提高了大学生法制教育的实效性。

2. 侧重校园法制精神文化的建设

校园法制精神文化建设是校园法制文化建设的核心内容，也是校园法制文化建设的最高层次。校园精神文化建设主要包括校园历史传统和被全体师生所认同的共同文化观念、价值观念、生活观念等意识形态，是一所学校本质、个性、精神面貌的集中反映。校园法制精神文化建设主要是在其中注入法律的精神，让法律精神不断融入校园精神文化中去。法律精神具有权威性，而校园精神文化具有人文关怀的性质，将法律精神和校园精神文化相结合，既可以感染人、影响人的思想甚至行为，又可以起到约束的作用。所以，在校园内营造良好的法律氛围，加强校园法制精神文化建设是一个行之有效的措施。

五、重视大学生法制教育师资队伍建设

大学生法制教育是一项具有较强综合性的教育活动，其不仅要求具有规范的法制教育教材，还要求具有专业的法制教育师资队伍。为此，高校要大力加强大学生法制教育的师资队伍建设。

（一）全面提高法制教育师资队伍的能力素质

"师者，所以传道授业解惑也。"教师是知识的传授者，他们能力素质的高低对大学生法制教育的开展起着至关重要的作用，他们是大学生法制观念形成的风向标，为大学生指引正确的方向。当前，大学生法制教育教师队伍当中，大多数是思想政治教育专业的教师，在法律方面缺乏专业的培训，这会对大学生法律素养的形成造成一定影响。所以，高校必须对大学生法制教育的师资队伍进行法律专业的系统培训，提高法制教育师资队伍的整体素质，完善大学生法制教育。只有师资队伍整体水平提高了，大学生法制教育的实效性才能得到保证和提高。

除了要对大学生法制教育的教师进行法律知识的系统培训外，高校还应注重与法律相关部门进行合作交流，不仅要让学生从中感受具体实践带来的收获，也要让教师通过合作交流，提升自身的专业素质。

（二）发挥教育工作者遵纪守法的表率作用

大学生法制教育理论课教师直接接触当代大学生，是高校对大学生进行法制教育的组织者、实施者和指导者，是高校法制教育必修课的骨干力量。大学生法制教育的师资队伍除了要具备系统的法律知识和较高的法律素养之外，还应有认真的工作态度，能够充分发挥教育工作者遵纪守法的表率作用。高校对大学生法制教育理论课教师一定要高标准、严要求，进行严格选拔，只有精良的教师才能发挥其主导作用和表率作用，给大学生树立良好的榜样，发挥榜样示范作用。教师发挥遵纪守法的表率作用，还能促使校园形成良好的法制宣传教育氛围，充分利用校园这一特定的文化传递空间，可以使大学生在学习生活中受到优秀教师团队的熏陶，更加系统地学习法律知识。因此，教育工作者应充分发挥遵纪守法的表率作用，给学生树立榜样，让自己的一言一行为大学生提供引导，这对实现大学生法制教育的教育效果，提高思想政治教育实效性起到了促进和推动作用。

第六章 微时代大学生道德教育与法制教育一体化建设实效性研究

第一节 大学生道德教育与法制教育一体化建设实效性概述

在新时代高校"立德树人"的根本任务下，要达到党的十九大报告中对大学生思想政治教育的要求，需要高校树立道德教育与法制教育一体化的理念，根据大学生的实际情况进行一体化实效性的研究。

一、大学生道德教育与法制教育相关概念界定

（一）大学生道德教育与大学生法制教育

道德是一种社会形态，是人们的行为准则及规范。道德教育就是，一定社会、阶级或组织，为了使人们遵循其行为准则，自觉履行对社会整体和他人应尽的义务，而对人们施加系统的道德影响的活动。《公民道德建设实施纲要》中将社会公德、职业道德与家庭美德等作为公民道德建设的主要内容。高校作为公民道德教育的阵地，对大学生所进行的道德教育首先要包括公民教育的基本内容，然后要根据大学生的生理、心理发展需求，知识水平等因素，借助思想政治课程这一主要渠道，通过灌输教育与渗透教育相结合的方式，将思想道德内容对大学生进行潜移默化的影响。高校对大学生进行系统的道德教育，使大学生的道德品质能够达到社会所要求的道德水平，

高校要帮助大学生在面临道德选择时，能将社会主义核心价值观转化为自身情感，即内化于心，外化于行，做到知行合一，做出符合社会道德要求的正

确行为。亚里士多德在《政治学》一书中对"法治"的解释为，即已成立的法律得到普遍的服从，以及大家所服从的法律本身是制定良好的法律。《韩非子·心度》中有："法与时转则治，治与世宜则有功。"凡此种种都表明人们对于法律不仅要求知晓，更重要的是通过法律自觉约束自己的言行举止。

大学生的法制教育是在"依法治国"战略指导下，有计划的、统一的法治思想的宣传教育活动，以达到帮助大学生了解法律知识，增强法制观念，提高运用法律解决问题的能力的目的。

通过分析可知，大学生道德教育与法制教育一体化就是将道德教育与法制教育二者作为一个统一的有机整体，通过顶层设计、教材、课堂、理论与实践、教学考评、育人主体等一体化的建设进行全局性的统筹，形成一个完整严密的道德与法制的教育体系，从而促进大学生对于道德与法制的理解，提高大学生运用道德规范与法律知识的能力，提高其道德素养与法制意识，最终达到增强大学生道德教育与法制教育一体化实效性的目的。

（二）大学生思想政治教育实效性

大学生思想政治教育实效性即教育目标在教育活动中的完成度。由此，大学生道德教育与法制教育一体化建设实效性就是与思想政治教育相关的育人主体通过各种形式的教育活动对大学生进行道德与法制教育所产生的实际效果。在对大学生实行道德与法制教育后，得到的实际结果有没有达到一体化教学目标，最终的结果有没有使大学生道德意识与法制精神朝着思想政治教育的目标前进。提高大学生道德教育与法制教育一体化实效性就是要通过教材、课堂、实践等的加强与改进，提高大学生道德教育与法制教育一体化的成果与思想政治教育既定目标的契合度。

大学生道德教育与法制教育一体化实效性研究，要围绕"立德树人"这一中心环节，遵循思想政治工作规律，探索构建一体化的育人体系，切实提高思想政治教育工作的质量。道德教育强调唤醒大学生内在的道德良知，法治则旨在提高大学生的法制观念，使之明确法律惩恶扬善的准则。二者具有共同的价值取向，能够在高校思想政治教育工作中有效结合，成为高校思想政治工作的重要内容，这也是新时代国家和社会对于大学生所要求具备的综合素质的基本要求。这就要求高校、思想政治理论课教师、辅导员等育人主体在进行道德与法制教育时，注重道德教育与法制教育的一体化思考，二者不可偏废。

大学生道德教育与法制教育一体化实效性研究，不仅是将二者的理论一体化，更重要的是通过顶层设计与教材编写一体化、课堂教学一体化、理论与实践一体化、教学与考试一体化、育人主体一体化的改革促进大学生的价值认同，提升大学生的个体素质，并提高思想政治教育工作的实效性。大学生道德教育与法制教育一体化实效性研究，是大学生道德修养与法治精神培育的必经之路，是培养青年大学生基本素质的必然要求，是促进新时代青年全面健康发展的重要方式，是落实依法治国与以德治国方略在高校中实践的保障。

二、大学生道德教育与法制教育的辩证关系

道德与法制的关系是论述大学生道德教育与大学生法制教育辩证关系的前提与基础。随着经济的快速发展，社会建设成为当前社会发展的重要任务，而道德与法制的关系成为国家治理的重要范畴。道德与法制的关系是相辅相成的，二者的关系成为推进全面依法治国与以德治国相结合的重大理论和实践因素，必须以正确的态度进行处理。历史唯物主义者认为道德和法制同属于上层建筑，二者都是调整社会关系、规范人们行为的重要手段。但是，二者的调整手段、对象、范围、表现形式、实施手段又不相同。

道德是人类社会在发展过程中自发形成的，依靠教化引起内心的自觉。道德不仅规范人们的外在行为表现还调整人们的内在动机，双重调节且调节领域广泛，属于上层建筑中的社会意识形态范畴。而法制只能通过法律法规来调节某些相对狭窄领域的人们的外部行为，属于上层建筑中的制度范畴。道德是被人们所广泛认可的行为规范，一般是规定了义务而并没有对权利进行规范，没有固定成文的规定，主要依靠社会舆论、传统习俗观念来保证实施，违反道德者会受到社会舆论的打击，但是这种打击并没有强制力，只能对违反者的行为进行谴责，以"自律"为主要手段。法制则不同，国家机关制定的法律法规是法制的实际表现形式，由国家强制力保证实施，其中规定的权利和义务是同时存在的。违反法律法规将会受到相关部门的制裁，以"他律"为主要手段。

虽然道德与法制存在巨大差异性，但是二者同属于上层建筑，都是规范人们内心与行为的重要手段。道德与法制一个靠教化引起人们内心的自觉，一个靠强制规范人们的行为，二者是相互补充、相得益彰的关系。首先，道德是法律的基础，我国宪法中对于道德价值有明确的确定，如果没有道德的支撑，他律到自律的转化、信任情感向价值认同的转化就难以为继，法制缺乏信仰的基础将成为空中楼阁。其次，道德的实施离不开法制的保障。道德依靠人们的自觉性来实施，但是在社会发展过程中人们会遇到各种诱惑，难以通过自身的道德觉悟来约束自己的行为，而法制强调法律主治、权力制约，刚好弥补了人们"自律"的不足，为道德难以约束的行为提供了具有强制力的保障。

（一）大学生道德教育与大学生法制教育的差异性

大学生道德教育与法制教育在教育内容、教育方法、教育目的上存在差异性。

首先，教育内容的差异。大学生道德教育内容偏向于思想性，强调主体的责任和义务，具有人伦性与理想性。我国对公民道德建设要求强调爱国主义，强调集体主义原则，强调社会公德、职业道德、家庭美德的教育。大学生道德教育包含在公民道德教育内，而且有更具体的适合大学生特点的教育。大学生法制教育内容偏向于理论性和知识性，体现权利和义务的平衡，主要内容包括提高大学生对于法律知识的掌握程度，提高其法制意识，培育其法制思维并进行法制教育的实践，具有鲜明的阶级性与现实性。

其次，教育方法的差异。大学生道德教育方法具有感染性，较关注大学生的情感和体验，主要采用说服教育法、实际锻炼法、道德修养法、情感陶冶法、品德评价法、榜样示范法等方法。法制教育方法具有警示性，对大学生的行为起到警示作用，主要采用案例教学法、实践教学法、心理教育法等方法。

最后，教育目的的差异。大学生道德教育通过向大学生传递思想道德规范来提高他们的道德品质，使其能够自觉规范自身行为。法制教育的目的主要是向大学生讲授法律法规等法律相关知识，使大学生形成明确的是非观念并了解自身的权利和义务，不断提高自身的法律修养。

（二）大学生道德教育与大学生法制教育的互补性

首先，在大学生思想政治教育中，道德教育是法制教育的基础，法制教育为道德教育达到更高要求而服务。在法治发展初期，道德教育通常为法制教育的内容与过程进行规范。法制教育需要以道德教育为基础，来完成人内心的教化，使守法成为大学生自觉主动遵守的行为。

其次，法制教育是道德教育发挥作用的强有力的保障。道德教育主要是依靠教化引起人内心的自觉，人们遵守或者违背道德约束完全依靠人的自律。但在现实生活中，大学生受到多种诱惑，很难通过自身的道德觉悟来约束自己的行为，而法制教育依靠国家强制力来实施，约束人们的外在行为。法制教育对道德教育的软弱性与局限性给予了最大程度上的弥补，所以必须用法律保障大学生的道德教育，运用法律的强制性来增强道德教育的约束力。

（三）大学生道德教育与大学生法制教育的一致性

首先，教育原则的一致性。"以人为本"的原则是大学生道德教育与法制教育活动开展的根本原则。思想政治教育原则指的是教师在进行思想政治教育时为了实现教育目标所要遵循的准则。大学生思想政治教育要得到长远的发展，就必须遵循方向性、实践性、主体性等原则。大学生的道德教育就是通过理论的教导、实践的探索与潜移默化的宣传等形式，培养其道德素养，帮助大学生将社会所要求的道德规范内化为指导其生活的道德品质。通过法律知识的讲授培养大学生法制观念与法治信仰，使其可以自觉地用法律规范来约束自身的行为，这个过程称之为大学生法制教育。大学生道德教育与大学生法制教育关于大学生培养的侧重点不同，但是二者都是将大学生作为一切活动的出发点来进行的，将"以人为本"的原则贯穿于教育活动的始终。不论是道德教育还是法制教育，教育都始终围绕大学生展开，为大学生健全人格的培育创造良好的教育环境，使大学生成为道德素养高、法治意识强的人。

其次，培养目标的一致性。大学生道德教育与法制教育都为促进大学生全面发展发力。我国经济政治的发展前提是全体人民的发展，只有当公民的思想、行为、知识框架等得到普遍改善时，社会才可能进步。大学生道德教育与大学生法制教育都不仅仅是简单的道德或是法律知识的传授，而是要通过了解大学生的需求，运用各种教学方法，以一套适应大学生能力和素质发展的教育模式为中心，将道德意识与法治精神渗透到大学生的内心中，提高其道德修养与法治素养，使大学生能够在社会生活中坚定内心的信念，抵制各种不良诱惑的影响，成为一个具有较高综合素质的人，进而对社会发展做出一定的贡献。

最后，教育价值的一致性。大学生道德教育与法制教育在建设社会主义现代化强国中具有相同的价值。道德与法制在物质文明、政治文明、精神文明、社会文明、生态文明等的建设中起着支撑性的作用，对大学生进行道德与法制的教育就是通过有效的教育激发大学生参与经济建设的热情，促进社会物质资料生产方式与经济生活的进步。道德教育与法制教育通过对大学生进行共产主义教育、集体主义教育、社会主义法制观与道德观教育等，培养其政治意识，提高大学生的政治鉴别力。道德教育与法制教育通过对大学生的思想道德与科学文化的教育，提高大学生文化选择能力，帮助其树立正确的精神文化观，提高其精神生活水平。道德教育与法制教育通过引导大学生运用正确手段获得个人物质利益与精神利益，进而推动形成良好的社会风气。道德教育与法制教育通过对大学生进行人与自然、人与人、人与社会之间关系的教育，改变部分大学生原有的以自我利益为中心的意识，促进其以更加宽广的视野看待生态关系。运用道德与法制的规范性约束大学生的思想与行为，使其成为拥有较高思想政治素养的人，以更好参与社会主义现代化建设。

大学生道德教育与法制教育的关系，正如习近平所反复强调的："法律有效实施有赖于道德支持，道德践行也离不开法律约束。法治和德治不可分离、不可偏废。"社会健康有序发展离不开德治与法制的共同作用，作为大学生道德教育与法制教育的主要教育阵地，在进行思想政治教育时高校与各育人主体要时刻注意道德教育与法制教育的一体化建设，以增强大学生思想政治教育实效性。

三、大学生道德教育与法制教育一体化建设的研究理论依据

（一）人的全面发展理论

大学生道德教育与法制教育一体化建设实效性研究是围绕提高大学生综合素质而展开的，道德素养提高与法制意识丰富是大学生全面发展的重要方面。马克思关于人的全面发展理论主要包括劳动能力的提升、社会关系的丰富、人自由而全面的发展三个方面。

首先，人劳动能力的提升是人智力、体力、个性等全面的发展。其次，人在社会交往中的完善与丰富，是包括情感状态、经济水平在内的社会关系的普遍提升。最后，人自由而全面的发展，是随着社会生活的不断丰富，处于社会生活中的人在心理素质、内心情感、道德修养与法治素养等方面都处于不断丰富的状态。

大学生道德教育与法制教育一体化建设实效性研究，一切理论与实践都要以大学生为中心，在大学生基本学习生活需求得到满足后，大学生需要通过自身的劳动实现再发展，如加入志愿者服务组织，进行社会实践等，以实现道德水平的提升、规则意识的强化。大学生道德教育与法制教育对于大学生来说就是个人智力、体力发展到社会关系的不断丰富再发展到综合素质全面提升的一个螺旋式上升、波浪式前进的过程，是精神层面的自我提高与解放。

大学生道德教育与法制教育一体化建设要以大学生全面发展为基础，尊重大学生在一体化建设中的主体地位，培养大学生成为拥有健全人格、高尚道德素养与法治意识的新时代大学生。

（二）协同学理论

协同学是 20 世纪 70 年代初德国理论物理学家赫尔曼·哈肯创立的，其在著作《协同学》中将复杂系统中各子系统相互作用产生协同效应，使系统整体形成的具有一定功能的自组织结构叫作协同学。系统内的子要素相互作用，产生一种子系统单独运作时达不到的效果。简单来说就是将两个或两个以上的子

系统相加所产生的作用大于各子系统单独应用时的总和，起到"1+1 > 2"的效果，这种理论运用到教育界中成为协同教育。我国对协同教育的研究起始于二十世纪五六十年代，随着高等教育的不断发展，学者不断将思想政治教育与协同学进行整合研究，而且更多的是将协同教育作为一种工具与理念融入大学生思想政治教育中，以增强大学生思想政治教育的实效性。大学生道德教育与法制教育一体化建设实效性研究是需要多种因素进行沟通协作的教育过程，需要进行多层次、多视角的研究。大学生道德教育与法制教育一体化建设实效性研究，就是要在"立德树人"理念指导下，用全局性理念和整体性思维研究与一体化建设实效性相关的要素，使这些要素向着增强一体化建设实效性的方向转变，避免出现各要素各自为政、与一体化建设实效性背道而驰的局面。

四、大学生道德教育与法制教育一体化建设的研究现实依据

（一）大学生社会主义核心价值观树立的重要环节

一种价值观要真正发挥作用必须融入实际、融入生活，让人们在实践中感知它、领悟它、接受它，最终达到潜移默化、润物无声的效果。而道德教育作为价值观教育的下位概念从属于价值观教育，应符合社会主义核心价值观的内涵与外延。且道德教育不仅要处理公共价值观而且要处理私人美德和品格特质。道德教育的目标不仅要使大学生能够面对日常生活中的挑战，更要使其接受挑战从而合乎道德地行动。而大学生如果想成为成熟的、有知识的、忠诚的、具有批判精神的道德主体，必须通过学习思想政治理论课程等方式去学习有关个人的道德养成、价值观树立等理论知识，从而为法律判断和政治决策提供合理的伦理基础。因此，道德教育与法制教育一体化的根本在于将道德主体自发的情感认同作为规范人们道德行为的力量。在实践道德教育环节将法制观念的理论认同升华为情感认同进而进一步转化为实践认同，从而内化于心，外化于行，才能将道德与法制自觉转化为大学生的情感认同与行为习惯。

（二）高校践行"立德树人"根本任务的迫切需要

要把"立德树人"内化到高校建设和管理的各领域、各方面、各环节，做到以树人为核心，以立德为根本。要提高大学生的思想水平、政治觉悟、法治素养与道德品质需要始终将"立德树人"作为一切教育活动的根本。

"立德树人"的根本任务使大学生道德教育与法制教育一体化的教育性质更加明确，一体化教育是社会主义性质的教育，以培养社会主义现代化强国建设所需要的大学生为己任。我国高等教育的迅速发展使大学生的规模越来越大，

我国进入高等教育大众化阶段,在大学生的教育内涵方面应更丰富。"立德树人"要求高校与教师在进行一体化教育时,注重培养学生坚定的理想信念,注重引导学生培育与践行社会主义核心价值观,注重思想品德的修养与法律意识的培养,最终引导大学生向刚健有为、勇于担当的方向前进,成为拥有大爱与大德的人。

在当今社会,时代的发展要求高校培养具有综合素质的大学生,只具有基础的教育知识已经远远不能满足知识经济时代的需求,这就要求大学生不仅仅要具有丰富的专业技能,综合素质的培养也是需要重视的部分。大学阶段是大学生思想趋于成熟、价值观树立、知识技能提高的重要阶段。高校要重视大学生的素质教育,将"立德树人"这一任务渗透到思想政治教育的每一个环节中,重视道德修养与法治思维的培养,使大学生的潜力能够得到充分发挥。并且当今世界各国的竞争终究是人才的竞争,青年一代是实现中华民族伟大复兴中国梦的中坚力量,社会的发展不仅需要专业型人才,更需要道德与法律等方面综合素质较强的复合型人才。

(三)大学生思想道德建设的必然要求

党和国家对公民道德教育与法制教育给予了高度重视和关注,道德教育与法制教育在我国建设社会主义现代化强国中发挥着不可替代的作用。建设社会主义法治国家,从法律制度上规范公民的行为,从道德教育中教化公民的思想品质,坚持道德与法治双管齐下,二者优势互补,互相融合,共同发力,为实现德治与法治的社会主义实践提供行动指南。

当前公民的道德修养问题已成为社会关注的焦点,部分民众道德滑坡、行为失范已成为不争的事实,类似"高铁霸座"等违反道德的事件频频发生。在法治社会建设过程中,部分公民的法律素质存在一些问题,有些公民只关注与自身利益相关的法律问题,对法律表现出较强的实用性和功利性,有些公民在面对身边的问题时,停留于道德与传统观念或人性的美好层面,用主观臆想判定是非而非求助于法律层面的分析与帮助。在多次热点事件中,公民表现出对于法律结果的尊重缺失,一味质疑法律,用自身所处环境判断事件结果,并通过微博、微信、QQ等社交媒体传播,而有些自媒体甚至出现法律问题伦理化,以此削弱了社会主义主流意识形态的法律基础。同时由于道德教育通过人的自律来发挥作用,而这种自律缺乏强制性,所以单纯依靠个人难以实现对公民思想有效的规范,只有结合法制教育,借助于国家强制力保障实施才能发挥道德教育的作用,且法制教育也只有以道德教育为基础才能有效发挥其作用,只有将道德教育与法制教育相结合，才能全方位提高公民的自身素养。

青年大学生是中华民族素质的代表，是夺取新时代中国特色社会主义胜利的中坚力量。大学生需积极响应国家建设社会主义现代化强国的政策，提高道德修养与法治素养，在学习、生活中按照思想道德建设要求与法律法规规定办事，要学会正确处理好个人利益与国家、集体利益的关系，维护法律的尊严。大学生道德教育与法制教育一体化建设实效性研究是大学生道德法制建设的重要环节，更是我国社会主义现代化强国建设不可或缺的一部分。因此，高校应提升办学水平，将道德与法制教育渗透到大学生教育管理的方方面面，将大学生培养成中国特色社会主义建设的中坚力量。

第二节　大学生道德教育与法制教育一体化建设实效性现状

一、大学生道德教育与法制教育一体化建设成效

（一）大学生道德教育与法制教育一体化建设的主要形式

第一，理论课程的教学。在高校中，"思想道德修养与法律基础"课堂教学是道德教育与法制教育一体化建设的主渠道，理论课程是教师进行知识传授的依托，是实践的先导。理论课程的教学是对大学生进行思想政治教育的重要内容，对于提高大学生对基础知识的掌握能力，提高大学生的基本素质具有很大的作用。

第二，实践育人。实践育人是新形势下高校教学工作的重要载体，是推动形成全员育人、全程育人、全方位育人的有效途径。大学生道德教育与法制教育一体化不仅要重视道德与法律知识的学习，在学习之后的实际运用也应得到重视。高校应搭建实践平台，形成长效工作机制，加强校地合作，推动实践的常态化，进行组织引领，保障个性化发展。

第三，网络教学模式。在"互联网＋"时代，网络的快速发展使以慕课、微课、翻转课堂等为代表的授课方式走进高校思想政治课堂。这些网络授课模式具有开放性、透明性、自主性的特点，有利于提高学生学习的自主性、培养其发散思维，促进大学生学习兴趣和学习质量的提升。此外，微信、微博、QQ等社交软件的应用也成为促进大学生道德教育与法制教育一体化建设、弘扬社会道德风尚的重要途径。

（二）大学生道德教育与法制教育一体化建设的初步成果

党和国家非常重视法制教育在国民教育体系中的地位。在党和国家的支持与高校自身的努力下，我国高校越来越重视道德教育与法制教育的一体化建设。大多数高校已逐步建立大学生道德教育与法制教育体系，重视基础课程的教学，不断加强理论与实践的结合，并进行微博、微信等新媒体道德与法制教育平台的建设。

首先，课程的改革。《〈中共中央宣传部、教育部关于进一步加强和改进高等学校思想政治理论课的意见〉实施方案》中实现了"思想道德修养"与"法律基础"两门课程的一体化。该方案实施十多年来，在思想政治理论课的科学发展、马克思主义理论学习的全面推进和培养全面发展的优秀人才方面发挥了不可替代的作用。通过高校与思想政治课教师的不断努力，该方案的实施取得了骄人成绩。其一，思想政治课教学模式的构建，教材、教师、课程、实践协同推进，得到丰硕的成果。其二，马克思主义一级学科设立，马克思主义学院建设成绩显著。其三，高素质思想政治课教师队伍建设成果显著，涌现出一大批优秀青年教师。其四，思想政治课吸引力不断增强，高校通过网络课程开发、社会实践等方式不断加强思想政治课与学生的亲密度，赢得学生的好评。其五，保障体系不断完善，为思想政治课的开展提供了良好的体制保障。

其次，网络教学平台建设。自 2013 年清华大学建立第一个中文慕课平台以来，中国大学慕课、优课联盟等平台相继建立。网络教学平台的建立与完善推动高校思想政治理论课的改革，许多高校将"思想道德修养与法律基础""中国传统文化"等课程搬上网络平台，增强了教育内容和教育方法的吸引力，增强了道德教育与法制教育双向互联教育效果，道德教育与法制教育一体化建设实效性显著。

二、大学生道德教育与法制教育一体化建设存在的问题

（一）内生动力不足，学生学习积极性有待提高

首先，部分大学生对道德与法制重视不足。当今世界正处于大发展、大变革、大调整时期，世界多极化、经济全球化、社会信息化、文化多样化深入发展，西方的各种道德思想和观念涌入我国，大学生的道德价值认同、道德价值取向趋向多元化，功利主义、实用主义、拜金主义的倾向出现。部分大学生存在利己主义思想，认为个人利益高于一切，甚至为了自身利益不惜损害他人或集体利益。如这种思想不能得到及时的纠正，长此以往，必将对大学生的健康

成长与国家社会的发展造成损害。部分大学生在面对身边问题或是社会新闻时，会按照自身生活经验进行判断而非寻求法律方面的分析与帮助。

道德教育通过人的自律来发挥作用，但这种自律缺乏强制性，所以单纯依靠自律很难实现对大学生思想的有效规范，只有结合法制教育，借助于国家强制力保障实施才能发挥道德教育的功能，而法制教育也只有以道德教育为基础才能有效发挥其作用。因此，高校与思想政治理论课教师需重视道德教育与法制教育的一体化。

其次，大学生道德教育与法制教育认知与实践相脱节，导致大学生学习积极性不高。道德教育与法制教育实践性较强，二者都需要理论学习与实践相结合。但是目前部分高校只将"思想道德修养与法律基础"课程的理论教学摆在了重要位置，而忽视相应社会实践活动的开展，较少的实践机会导致实践育人落不到实处。而且在课堂教学中，基础课被普遍定义为"不重要"的公共课，实践机会相对于专业课来说少之又少，实践教学没有发挥应有的作用。实践性教学的缺失，导致课堂教学与实践的脱节，影响大学生将所学到的道德与法制知识转化为解决实际问题的方法，影响了思想政治教育的实效性。并且在衡量教学质量时，高校只注重考试成绩，忽视了道德教育和法制教育的现实意义，制约了道德教育与法制教育的整体发展。

（二）教育理念存在偏差，教育方式有待改进

首先，教育理念存在偏差。现代社会许多人将评判一所高校教学质量的侧重点放在专业课教学质量的高低上，而忽视了对思想道德建设程度的评判。对于思想政治教育来说，高校对其重视程度比起专业课而言依旧有待提高。课堂是大学生道德教育与法制教育知识传授的主渠道，但是部分高校默认思想政治教育课程是传播道德与法制一体化理论的唯一途径，此种思想忽视了社会实践的重要性。在进行一体化教学时，部分思想政治课教师并没有厘清高校道德教育与法制教育的区别与联系，将二者混为一谈，或者只重视道德，或者只重视法制的教学。虽然目前高校都已经开设了"思想道德修养与法律基础"这门课程，但是大学生道德教育与法制教育一体化建设的目标、任务仅仅依靠这门课程是不能实现和完成的。高校需要对此问题引起重视，加大对道德教育与法制教育一体化投入力度。在"立德树人"根本任务的要求下，高校需要对道德教育与法制教育一体化的重要性进行权衡。当今社会要求高校培养出既拥有专业技能又品德高尚的复合型人才，所以部分高校忽视大学生道德教育与法制教育，割裂二者关系的思想需要进行改变。高校要树立正确的教育观念，在教育思想、

价值观、功能观、教育制度、课程编排等方面将二者进行全方位、高层次的渗透与结合。

其次，教育方式有待改进。一方面，对于高校来说，因为各方面的原因，道德教育与法制教育一体化基本上处于"纸上谈兵"的状态，而缺乏对于知识的实践，缺乏实践性的知识传授不能让学生将所学知识运用到实处。一些学校意识到这种问题并试图做一些改变，但也只是加强了宣传教育，如观看视频、开展相关讲座、张贴宣传海报等。这些措施对于道德教育与法制教育一体化建设来说作用有限，并不能真正将道德精神与法律意识融入大学生的精神层面，道德与法治精神的传递需要继续加强。另一方面，"思想道德修养与法律基础"课程是大学生道德教育与法制教育一体化建设的重要依托，这门课程中由于具有丰富的道德与法律方面的概念、知识点、相关文件，在现实讲授过程中并不能在有限的时间内将这些知识点全部讲授完毕，只能进行系统性的、有重点的道德与法律知识的讲授。对于大学生道德教育与法制教育来说，其中案例的讲授、方法的运用也是需要注意的。公共课的教学模式使道德教育与法制教育一体化陷入"灌输式教育"的泥潭，课堂缺少灵活性与实用性，而部分教师对学生道德品质与法制精神方面的关注更是"心有余而力不足"。

（三）协同教育不足，教育者之间缺乏互动

德国物理学家赫尔曼·哈肯提出协同学理论，协同学源于希腊文，意为协调合作治学。随着时代发展，大学生思想政治教育不再是之前思想政治课的单打独斗，也不是与专业课、实践活动泾渭分明，而是理论性与实践性、统一性与多样性、主导性与主体性等课堂、实践、家庭、社会等多个角度层面的统一。大学生道德教育与法制教育一体化建设不是高校思想政治教育工作者由一己之力就可以完成的，而是需要思想政治教育工作者、专业课教师、社会、家庭多方面齐抓共管。根据协同学理论，大学生道德教育与法制教育一体化建设系统包括思想政治课教师与专业课教师在内的理论讲授者，包括辅导员、后勤人员在内的管理服务者，还包括学生组织、学生个人在内的自我教育部分，一体化的实现需要多方面协同合作，这是实现思想政治教育目标的必经之路。

协同教育是高等教育发展的新趋势，如何使思想政治教育内部各个要素产生良性互动，形成协同效应，提升大学生思想道德修养与素养，进而增强大学生思想政治教育实效性是当前大学生道德教育与法制教育一体化研究需要重视的问题。但目前我国部分高校并没有意识到协同教育在大学生道德教育与法制教育一体化实效性方面的重要作用。高校、社会、家庭等并没有达成默契并形成补齐短板、相互渗透、融为一体的良性运行模式，思想政治课教师、专业课

教师、辅导员也没有建立起科学化、规范化的思想政治教育模式。随着依法治国的不断深入，为了促进并保障高校治理能力现代化，很多高校设立了法务机构。但是法务机构设置和运行情况并不乐观，存在法治意识不强、法律事务机构人员队伍有待优化、法律事务机构缺乏独立性、面向师生的法律服务体系不健全以及与道德建设脱节等问题。

第三节　大学生道德教育与法制教育一体化建设实效性影响因素

一、顶层设计和组织机制对一体化建设实效性的影响

（一）顶层设计的影响

大学生道德教育与法制教育一体化建设实效性研究是一个系统性的工程，分析如何提高大学生思想政治教育的实效性，从根本上提高大学生道德素养与意识，顶层设计是必须要重视的。大学生道德教育与法制教育一体化建设顶层设计就是要制定一个一体化建设的战略规划，站在战略的高度进行科学合理的方向性的指导。一体化建设顶层设计的目的其实是对一体化建设思路进行梳理，分析社会发展趋势，制订计划并进行及时适应与调整，运用权威的理念引领大学生道德教育与法制教育一体化建设，以帮助教师与学生将道德教育与法制教育内容运用到实际中，增强一体化建设实效性。具体来说，大学生道德教育与法制教育一体化建设顶层设计，就是在"立德树人"根本任务的指导下，在系统分析一体化建设环境、大学生身心发展规律、教师教学规律的基础上，对一体化建设的指导思想、目标任务进行确立，并以此为基础，运用综合性与系统性的观念对一体化建设的要素进行系统分析，构建出明确的建设框架，并在建设过程中对其进行优化。

（二）组织机制的影响

习近平在学校思想政治理论课教师座谈会上强调，要发挥党纵览全局、协调各方的重要作用，在大学生道德教育与法制教育建设中重视党政组织的作用，以此为中心，按照方向性、层次性、系统性的原则，将团委、学生工作部、各学院、各学生组织的力量调动起来，划分其各自的职责与任务范围，将高校中各部门组合起来，形成推动大学生道德教育与法制教育一体化建设的强大推动力。

二、思想政治课程教材对一体化建设实效性的影响

（一）教材体系的影响

课程体系是一个具有思想内容、科学体系的领域。将与道德教育与法制教育一体化相关的课程进行整体性研究是提高其一体化程度的重要方式。大学生道德教育与法制教育一体化课程体系的设计需形成与培养目标相一致的课程目标，构建基于课程目标的高度结构化的课程内容体系，形成符合学校实际的课程组织与实施方案设计，构建达成、完善、超越课程目标的激励评价系统。"思想道德修养与法律基础"课程是大学生道德教育与法制教育一体化的主渠道，但并不是唯一的渠道。新时代高校道德教育与法制教育一体化建设呈现高度的复杂性，教育主体、对象、内容等都出现了前所未有的变化。在这种情况下，单纯依靠基础课的教学难以实现一体化建设的实效性，难以完成"立德树人"的目标，所以迫切需要对专业课程、与道德教育和法制教育一体化相关的其他课程的道德与法制教育资源进行挖掘，将高校中的专业课程纳入思想政治教育活动中，使对大学生的道德与法制教育渗透到每一堂课中。

（二）教材运用程度的影响

高校道德教育与法制教育的教材从两个单独的部分合二为一，是国家促进大学生道德教育与法制教育融合的重要举措。但是，人们认为二者为两门独立课程的观念没有改变，认为道德教育与法制教育有着本质上的区别。虽然《思想道德修养与法律基础》这一教材的编排在二者一体化方面做了努力，但是仍存在道德部分与法制部分相独立的现象，道德教育与法制教育在同一本教材中自成体系，内容也有所侧重，这对教师运用教材的能力提出了一定的要求。思想政治课教材的运用，教师是关键，针对这一问题，教师在教学过程中要提高认识，注重二者内容的协调与融合，不能偏废其中一方。另外，地方与高校要注重根据本地、本校的实际情况，将有特色的教育活动融合道德与法制内容编写精品教材，使道德教育与法制教育不仅仅停留在《思想道德修养与法律基础》这一本教材上，而是进行更全面的教育。

三、课堂环境对一体化建设实效性的影响

（一）教学模式先进性的影响

传统的高校思想政治教学模式包括传递—接受式、自学—辅导式、探究式、概念获得式等，随着经济社会的不断发展，网络占据大学生生活的很大部分，

以慕课、微课、翻转课堂等为代表的教学方式受到教师与学生的欢迎，"困境讨论"模式、三位一体教学模式、项目化实践教学模式等得到越来越多的应用。新兴的教育模式给大学生思想政治教育带来新的发展机遇。"思想道德修养与法律基础"这门课程在高校中是培养大学生道德品质、政治素养、法治思维与思想品德的课程，较强的思想性与综合性要求思想政治课教师进行适合其特点的教学模式与教学方式的探索。然而当前大多数高校因各方面的限制仍然主要采用传统的班级授课制进行灌输式教学，这种方法难以适应时代发展的需求，难以实现培养具有道德素养与法治修养的大学生的目标。

网络的发展使教师可以运用信息技术开展线上教学，这种方式既可以突破传统班级授课制的局限，又可以开展大规模的教学活动，符合信息时代对大学生道德教育与法制教育贴近现实的要求。

（二）课堂内容吸引力的影响

大学生道德教育与法制教育是要随着社会发展变化而不断变化的，是与时俱进的，应该根据时代的发展不断变化更新。课堂内容的生动性直接影响学生是否愿意接受教师所讲授的知识。知识目标是思想政治课的基本目标，但是单纯的知识灌输会让大学生失去学习的兴趣，让课堂教学效果大打折扣。

道德与法制一体化建设要求教学要有丰富的案例，要加强课堂内容的生动性，需要教师将当下发生的热门事件与道德和法制教学内容相联系，教师进行引导，学生参与，鼓励学生进行思考与讨论，在交流互动中进行道德与法制观念的传授。案例教学法是思想政治教育的常用方法，是一种问题—探究式的教学模式，它具有思想性、实践性与应用性，符合大学生的个性特点和思想实际。案例的选择可以从国内外发生的新闻中选取，贴近生活，反映现实状况，具有启发性、时效性、趣味性。运用案例向大学生讲解其中道德与法制知识，帮助其构建牢固的道德与法制一体化知识结构，以更好地将道德与法制知识运用到生活中。

（三）课堂教学亲和度的影响

大学生道德教育与法制教育的教学内容要围绕思想政治教育的核心即大学生展开，要贴近大学生的生活，选择与大学生联系紧密的案例、话题进行教学。社会经济发展新阶段的大学生学习和生活都与网络的发展、社会热点密切相关，因此大学生的道德教育与法制教育必须紧紧抓住大学生的这一成长特点，理解并讲授符合大学生思维习惯的内容。大学生的兴趣可以激发其学习的积极性，大学生对与自己生活和学习情况贴近的课堂内容更感兴趣。对于大学生来说，由于成长的大环境相差不大，他们感兴趣的话题具有趋同性，在课堂上，如果教师提到学生感兴趣的话题，通常都会引发热烈的讨论。当下一些高校的思想政治课堂存在到课率低、抬头率低、点头率低的现象，很大一部分原因就是教授内容脱离了学生真正感兴趣的话题，照本宣科，学生学习兴趣自然不大。

四、实践对一体化建设实效性的影响

实践育人就是通过组织学生开展社会实践活动，来达到育人育德的目标。高校实践育人应是大学生回归生活、回归价值理性和回归现实的过程，高校道德教育与法制教育一体化的实现不仅仅需要在课堂上的学习，还需要在课堂之外的学习。人会在实践中感到快乐，社会实践活动中包含有丰富的思想政治内容和多方面的道德与法制知识。实践不仅可以促进大学生掌握道德与法制知识，还有利于大学生道德素养与法治意识的提高。

（一）实践运作模式的影响

根据《高校思想政治工作质量提升工程实施纲要》要求，实践育人质量提升体系要坚持理论与实践相结合，整合各类实践资源，强化项目管理，丰富实践内容，创新实践形式，拓展实践平台，完善支持机制，教育引导师生在参与过程中增强实践能力。

我国当前对于实践育人模式的研究可以分为协同育人模式、"互联网＋"育人模式和红色文化育人模式等。协同育人模式强调各个教育主体的联动作用；"互联网＋"育人模式强调将实践育人与互联网相结合；红色文化育人模式强调通过体验活动增强青年学生对社会的责任感和使命感，激发其内生动力。

大学生道德教育与法制教育一体化实践运作模式的重点应在于理论与实践的结合，使学生切实将其所学到的道德与法制知识运用到实践中去，而非空洞地进行实践。一些高校在进行道德与法制一体化实践模式构建过程中往往忽视作为实践主体的学生的主观能动性的发挥，没有抓住学生的兴趣点，忽视学生的主观意愿和参与感、获得感，使实践活动效果和期望值相距甚远，在此情况下，探索适用于一体化建设的实践模式成为研究重点。

（二）实践平台建设的影响

大学生道德教育与法制教育一体化的实践需要依托实践平台的建设。一体化的实践是提升综合性的实践能力，大学生通过道德与法制相关实践深化其对于道德与法制知识的理解，帮助其形成创造性思维，提高其解决道德与法制问题的能力。实践平台的建设需要遵循系统性、学生主体性、开放性的原则。大学生道德教育与法制教育一体化实践平台不是片面强调实践，而是注重道德与法制内容和实践能力的有机结合与逻辑衔接，实践育人平台的构建需要政府、地方、企业以及高校形成合力，实现第一课堂与第二课堂的联动。通过整合校内外的资源，建立起有针对性的实践育人平台。一体化实践育人平台的建设应该遵循学生学习的特点、心理特征、专业特点，将其与道德、法制内容相融合。高校的实践平台建设应该主动对接社会需求，了解社会、企业对于人才的要求，在提升大学生道德修养、法治素养的同时对接社会需求，提高一体化实践活动的层次与专业性。

国务院印发的《促进大数据发展行动纲要》中指出，要探索发挥大数据对变革教育方式、促进教育公平、提升教育质量的支撑作用。"互联网+"时代大学生道德教育与法制教育一体化的实践平台建设是一个开放的系统，是政府、企业、地方共同为提升大学生综合素质而设立的实践基地、实践项目、网络实践平台等，是需要各方努力才能够建成的开放、有效、资源共享的实践环境。

（三）实践监督评价的影响

我国目前已经有较完备的思想政治理论课教学规范，如《新时代高校思想政治理论课教学工作基本要求》中对教学方法的运用、考核方式的完善、思想政治课教研室的规范建设都提出了一定的要求。但是有关思想政治课实践方面的制度规范并没有系统建立，教学标准与教学大纲的缺失使高校在进行实践性教学时缺少了支撑，容易陷入迷茫的境地。虽然目前许多高校都根据自身情况对思想政治理论课实践教学进行了一定的规范，但仍有部分高校没有将实践性教学提高到思想政治课教学的显著位置上，缺少有针对性的实践方案，有关大学生道德教育与法制教育一体化的实践具有很大的随意性和主观性，导致很多实践流于形式，并没有起到教育的作用。

大学生道德教育与法制教育一体化的实践需要保持一种有序平稳的推进状态，有针对性、循序渐进地进行。为了顺利完成大学生道德教育与法制教育一体化建设，保证其实效性，我们就必须对一体化实践的整个过程和结果进行监督与调控，检查有关部门和工作人员是否制订了相关的工作计划，是否按照既定工作规范进行工作，安排的实践活动是否符合一体化建设标准。对大学生道德教育与法制教育一体化实践的监督与评价是获取工作有效性评价的重要环节，通过科学的调查分析，分析实践活动是否需要进行适当的调整，并将更加标准的评价方案运用到评价实践中去。实践的监督评价应贯穿于一体化实践的每一个环节，这是一个循环往复、不断上升的过程。

五、考评方式对一体化建设实效性的影响

高校对于大学生在道德教育与法制教育一体化方面的掌握程度应该进行一定的考核评价，对道德与法制知识理解运用程度，综合素质的提高，情感、态度、价值观等的情况进行综合性的考核评价，教育目标和内容要通过有效的考核评价反映育人的成效。定性的日常考核是适合大学生道德教育与法制教育一体化的考核方式，而不是简单通过考试成绩来体现。

（一）考核内容的影响

传统思想政治理论课考核内容一般局限于对理论知识的考查，这种以纸质试卷为主的静态考核，重在考查大学生对于思想政治理论课相关知识点的记忆与积累情况，这种考核方式会导致大学生注重理论积累而忽视实践的重要性。纸质考试的考核目标远远达不到教学目标对大学生的要求，这从考核层面降低了对大学生道德教育与法制教育一体化认识的要求，这种考核方式容易使大学生在学习理论知识期间产生懈怠情绪，在期末考试时投机取巧，部分大学生更是依据所谓的"重点"背过就能及格。期末、期中的例行化考试不能实现大学生道德教育与法制教育一体化培育有理想、有本领、有担当的青年大学生的教育目标，更不能反映出教师的知识水平、思想境界、精神品格对大学生潜移默化的影响。新时代大学生受到各类社会思潮的影响，推崇实用主义，而传统的考试内容加剧了大学生功利主义的倾向。大学生道德教育与法制教育一体化的考核评价是通过教学目标与考核内容的结合来检验学生对于教学内容和价值导向的实践能力，而以理论知识为主的考核方式偏离了这一考核目标，给一体化实效性评估带来负面影响。

（二）考核方式的影响

传统的课堂对于学生掌握知识程度的考查方式大都为闭卷考试，这种考试方法适用于理工科定量研究专业，对于大学生思想政治教育来说，大学生的思想状态，理论水平的提升程度，理想道德的提高程度，世界观、人生观和价值观的正确程度难以用试卷和分数来衡量。对于"思想道德修养与法律基础"这门课程来说，一般高校会设置考试和考查两种考核方式，考试是在学期末考核大学生对于理论知识的掌握程度，考查则是通过论文、实践活动等方式来进行

考核。这两种方式都是传统意义上的考核方式，大学生对道德与法制更深层次的理解与掌握情况则难以衡量。现代社会网络的迅速发展，大数据时代的到来为大学生道德教育与法制教育一体化实效性考核模式提供了新的发展方向，微信、微博、慕课等平台都为一体化实效性的考核带来新的发展视角。

六、育人主体对一体化建设实效性的影响

大学生道德教育与法制教育一体化建设是一个漫长的过程，具有复杂性与系统性，需要高校、教师、家庭、社会各方面形成合力，相互配合，形成协同的育人模式，以此增强大学生道德教育与法制教育一体化实效性。

（一）校内育人主体参与度的影响

校内育人主体包括思想政治理论课教师、专业课教师、辅导员、学校管理人员在内的与大学生道德教育与法制教育相关的育人主体，其中思想政治课教师队伍建设是一体化建设的基础。

其一，思想政治课教师是增强大学生道德教育与法制教育一体化建设实效性的关键。高校作为大学生思想政治教育的主要场所，在大学生道德教育与法制教育一体化建设中发挥着主阵地的作用，承担着一体化建设的主要责任，一体化建设的每一个环节都离不开思想政治课教师的参与指导，教师的政治意识、理论素养、道德品质都与大学生的道德素养与法治理念的形成密不可分。

其二，高校专业课教师、辅导员、学校管理人员的影响。"教学相长"这一原则揭示了教与学之间相互制约、相互渗透、相互促进的既矛盾又统一的关系。教与学相互依存、相互促进，学因教而日进，教因学而益深。专业课教师、辅导员、学校管理人员既是教学人员，通过教学、管理活动向学生传递道德与法治理念，同时教师和管理人员在进行技能学习过程中其道德与法治素养也会得到提高。

（二）家庭、社会、企业重视程度的影响

思想政治教育环境是人对思想政治教育活动及思想政治教育对象的思想品德的形成和发展产生影响的一切外部因素的总和。马克思认为，人创造环境，环境也创造人。家庭环境在大学生道德教育与法制教育一体化建设中有着不可替代的作用。家庭是人类社会发展到一定阶段的产物，父母、子女、家庭教育、家风等要素构成家庭。家庭环境好坏直接影响到大学生道德素质与法治思维能够顺利形成和发展。近年来，社会讨论的热词"原生家庭影响"，就是将家庭

对子女思想品德的影响摆在了重要位置上。大学阶段是一个人价值观念形成的重要时期，这一阶段虽然大学生离家求学，但是在经济上并未独立，所以对家庭仍存在依赖，家庭教育、家庭环境依然对大学生存在不可忽视的影响。

社会对大学生的教育也有着不容推卸的重要责任。人是存在于社会中的社会人，大学生也不例外。社会中正能量的弘扬、法治事件的解析、道德模范的树立与舆论的正确引导是大学生道德教育与法制教育的重要组成部分。将社会中榜样人物的事迹与大学生学到的道德教育与法制教育内容相结合，运用榜样的力量对大学生进行教育，能够更好地巩固一体化的教育效果。

企业是培养大学生的重要战略基地。高校同企业进行交流合作，建立政产学研基地，将企业精神融入大学生道德教育与法制教育一体化建设中去。这种方式有利于将学生培养成符合企业、社会所要求的具有专业素质的人才。

（三）高校间资源流动的影响

高校间资源流动是教育资源在不同程度上的共同享有、使用，是高等教育向更高层次发展的必经之路。以九校联盟、卓越大学联盟等为代表的国内高校联盟为高校间进行资源共享、优势互补、平等互利、相互促进提供了平台。当前，我国高校之间虽然开展了一系列关于道德与法制的交流合作活动，如学术论坛、讲座等，但这些交流合作仅仅局限于一小部分的学生与教师，合作在数量和质量上都有待提升。

高校间道德与法制教育资源的沟通是要深入大学生中间的，高校间的沟通应该向学生个体延伸。高校中众多的学生组织、社团活动是进行道德与法制资源沟通交流的新型载体。学生组织之间的交流合作覆盖面广、教育效果好、交流深入等优点为大学生道德教育与法制教育一体化资源流动提供了新的视角。

第四节　大学生道德教育与法制教育一体化建设
实效性增强路径

我国大学生思想政治课教学实效性不强的原因主要在于"配方"陈旧、"工艺"粗糙，要理论结合实践、育德结合育心、课内结合课外、线上结合线下，来进行改进和加强。这对增强新时期大学生道德教育与法制教育一体化建设实效性提供了重要指导。新时期大学生道德教育与法制教育一体化实效性的增强需要从顶层设计、教材编写、课堂教学、理论与实践、教学考评、育人主体六个方面进行研究。

一、加强一体化顶层设计

（一）加强一体化建设顶层设计

大学生道德教育与法制教育一体化建设实效性增强的关键在于理论与实践的紧密联系与转化，顶层设计是具有前瞻性的理念与行动规划，为二者的转化指明方向，有助于增强大学生道德教育与法制教育一体化建设的实效性。

大学生道德教育与法制教育一体化建设顶层设计应该包含三个方面的内容。

其一，"立德树人"的根本任务与培养新时代大学生的目标是一体化建设顶层设计的基本遵循。"立德树人"根本任务是社会主义高校的立身之本，是对高校"培养什么样的人、如何培养人、为谁培养人"这一问题的根本解答。大学生道德教育与法制教育一体化建设要紧紧围绕这一根本任务，将其渗透到教学、管理、实践的每个环节中。健全"立德树人"落实机制，坚持正确的方向引领，不断丰富道德教育与法制教育一体化建设内容，做到与时俱进。

新时代大学生道德教育与法制教育一体化建设培养的大学生应是有理想、有本领、有担当的青年人，这一培养目标是国家对于青年大学生的成长要求，是建设中国特色社会主义的需要。高校需全面了解与认识这一根本任务与教育目标，全面分析思想政治教育环境、自身优势与不足，确立大学生道德教育与法制教育一体化发展方向。

其二，制度设计是一体化顶层设计的核心。制度设计包括一体化基本制度、管理制度、激励制度、学生评价制度等。制度设计要求明确围绕大学生的成长需求，对大学生道德教育与法制教育一体化建设领导、组织机构、思想政治课教学队伍、与一体化建设相关的工作要求等进行制度化规范。制度设计涉及一体化建设的计划、开展、评估与激励等环节，是实现大学生道德教育与法制教育一体化全员育人、全方位育人、全过程育人的重要保障。

其三，一体化建设相关要素与资源的整合是顶层设计的重点。高校需制订大学生道德教育与法制教育一体化相关要素与资源的投入、分配、保障计划。高校需要对现有资源分配进行总的规划设计，要素与资源的投入向一体化建设适度倾斜。

大学生道德教育与法制教育一体化建设顶层设计对增强一体化实效性具有重要意义，高校需要在马克思主义理论指导下，依据自身环境进行总体的规划与实施，为提高大学生思想政治教育实效性奠定基础。

（二）构建齐抓共管的组织机制

高校中的思想政治教育工作者包括学校党委、共青团干部、思想政治课教师、专业课教师、辅导员等在内的人员。要增强新时代大学生道德教育与法制教育一体化建设实效性，需要优化思想政治教育工作队伍，构建党委统一领导、党政齐抓共管、各有关部门各司其职的组织机制。

高校需要在党委的统一领导下，联合团委、学生工作部、组织部、各学院党团部门等工作组织，并积极促进包括班主任、辅导员在内的师生的广泛参与，形成严密的思想政治工作组织管理体系。党委要发挥"领头羊"作用，充分认识到新时期大学生道德教育与法制教育一体化建设的重要性，要把一体化建设的从严管理和科学治理相结合。

习近平指出，学校党委书记、校长要带头走进课堂，带头推动思想政治课建设，带头联系思想政治课教师。不仅如此，高校党委需要牵头将大学生道德教育与法制教育一体化建设所需的人力、物力、财力等资源进行有效整合，将其运用到一体化建设的研究、实践的方方面面，以推动一体化建设工作的顺利开展。团委、学生工作部、组织部、各学院党团部门要积极配合学校党政部门的工作，加强对一体化建设的管理与实践。一体化建设离不开学生组织的作用，高校应十分注重学生组织在思想政治教育工作中的地位，发挥学生组织联系大学生、动员大学生、影响大学生的作用。团委要加强对学生组织的管理与引导，保证学生组织在一体化建设中起到传播正能量的积极作用。

最重要的是思想政治课教师与辅导员等与学生密切相关的教师队伍的建设。思想政治课教师是做好思想政治教育的关键，是大学生道德教育与法制教育一体化建设的关键，是增强一体化建设实效性的关键。高校要建立一支政治性强、情怀深、思维新、视野广、自律性强、人格正的思想政治课教师队伍。发挥思想政治课教师、专业课教师、辅导员、班主任等与教学管理相关的教师队伍的引领作用，起到增强一体化建设实效性的效果。

二、促进教材编写一体化

（一）完善一体化教材体系

《普通高校思想政治理论课建设体系创新计划》中指出，推进统编教材编写使用，编写教师参考用书、学生辅学读本、教学指导资料和理论普及读物等教学系列用书；构建面向教师和学生不同对象，辐射本专科生、研究生各个层次，涵盖纸质和数字化等多种载体，体现思想性、科学性、可读性相统一的立体化教材体系。思想政治理论课教材因其与马克思主义理论、国家政策、社会现实相联系的特点，是具有较高水平的专家学者共同商议编写的成果。《思想道德修养与法律基础》教材反映了当今马克思主义理论与中国具体实际相结合的最新成果，反映了党和国家理论与实践最前沿的理论，是党和国家重大方针政策、国家意志在思想政治课教材中的体现，具有逻辑严密、表述严谨、内容概括抽象的特点。正是因为这些特点，在思想政治课教学中，学生难以直接理解，必须辅以教师参考用书、学生辅导用书、校本教材的开发与使用。

大学生道德教育与法制教育一体化是贯穿于整个学习期间的教育，单独一本《思想道德修养与法律基础》远远不能满足高校对于大学生教育的需求。因此有关部门要有意识地规划基础课延伸读本的编写。将基础课教材中的原理、政策等难以直接理解的部分进行分析，帮助学生进行道德与法制基本概念、国家有关方针政策的理解。

大学生道德教育与法制教育一体化教材体系以教材为载体，是进行道德与法制教育的基本材料，是教师完成理论课教学的依据。但是国家对新时期大学生的要求决定了一体化的教育不应局限在对教材的理解与掌握上，更重要的是教会学生怎样学、如何进行应用。这就要求高校、思想政治课教师在进行道德与法制理论的传授时，不能拘泥于教材，要针对大学生的需求，对教材内容进行现实性的转化，以帮助大学生增强解决道德与法制实际问题的能力。

（二）丰富一体化教材内容

基础课教材因其和大学生的生活有一定距离，影响大学生道德教育与法制教育一体化建设，与基础课相联系的精品教材的建设是解决这一问题的良好途经。

精品教材是具有持久生命力的教材，道德与法制内容融入精品教材是培养具有道德素养和法治思维的大学生的关键。道德教育与法制教育内容融入精品教材的编写，要遵循几个要求。第一，要具有引导性。一体化内容融入精品教材要始终具有正确的理想信念，将国家意志正确体现在教材中，使之能够对大学生道德意识与法制观念的形成起到引领、导向和示范作用。第二，要具有前沿性。道德与法制内容融入精品教材不仅要对经典的理念、方法、成果进行取其精华、去其糟粕式的吸收提炼，还要注重对社会热点问题的关注。将热点问题与前沿观念引入教材，及时地在教材中有选择地引入先进的观点内容，有助于大学生站在时代前沿观察世界。第三，要遵循大学生的认知成长规律，注重大学生的发展差异。一体化内容融入精品教材不同于基础课教材的大众化，要更加注重有针对性。如在理工类教材中融入道德与法制内容应考虑理工类学生逻辑性强、思维严谨的特点，引导其思考道德与法制事件背后的原因。文科类教材要考虑文科类学生感性、具有丰富的想象力、做事灵活的特点，通过案例的融入让学生产生共鸣，从而达到一体化教育的效果。第四，重视大学生信念培养。大学生道德教育与法制教育一体化建设实效性重要的考核标准是大学生理想信念的树立，在一体化内容融入精品教材的过程中也应注重道德理念与法治信念的培养。

三、加强课堂教学一体化

习近平在学校思想政治理论课教师座谈会上提出，高校需要通过思想政治理论课教学增强大学生道德教育与法制教育一体化实效性，高校要不断推进课堂教学的改革创新，加强思想政治课建设内涵式发展，增强大学生道德教育与法制教育一体化课堂实效性。

（一）探索新型的教学模式

教学模式具有开放性的特点，虽然教学模式会保持基本稳定的结构，但是随着时代的发展，教学理论、教学指导思想在不断发生变化，教学模式也随之不断向前发展。目前思想政治教育领域正在进行着各种教学模式的改革探索，以慕课、翻转课堂为代表的O2O教学模式近年来受到较大关注。O2O本来是一种商业模式，引入教学中成为一种线上与线下教学相结合的教育模式。大学生道德教育与法制教育一体化的教育是一个漫长的过程，因此只依靠课堂教学难以达到教育效果，因此应将慕课、翻转课堂等模式的优势与线下课堂教学、实践教学相互融合，优势互补。大学生道德教育与法制教育一体化只采用传统教学方式容易使大学生产生厌倦的情绪，但如果只采用线上教学的话，一方面许多高校在硬件上难以达到此条件，另一方面由于网络对于大学生的诱惑力较大，学生难以抵挡网络的吸引而使一体化教学达不到应有的效果。O2O教学模式则在最大程度上解决了这一难题，帮助大学生更有效地进行道德与法制的学习。

O2O教学模式中教师与学生交流方式多样，线上、线下或者是线上与线下相结合，随时都可以进行一对一或是一对多的交流。在这种交流方式下，教师与学生处于平等的状态，可以站在同一个角度上对道德和法制问题进行交流探讨，让学生从更多的角度思考一体化问题。O2O教学模式中丰富的学习资源为大学生增长见识、开阔眼界提供了条件，思想政治课教师要合理利用教学资源，丰富教学内容，最大限度地将实践与理论相结合，使学生真正用好教育资源。O2O 教学模式的特点决定教师可以使用多种教学方法进行教学，如理论课教学＋线上优质视频观看＋线下讨论＋热点话题分析。教师可以根据教学内容、学生特点选择合适的教学方式，引导学生进行深入的一体化学习，增强学生独立思考解决问题的能力。

（二）探索生动的教学方法

在当今社会，信息技术的快速发展使信息获取不再存在不平衡性，任何人在任何时间与地点都能通过网络获取信息，互联网打破了教师知识权威的形象，也使大学生更加关注平等的、创新式的学习。传统的灌输式教学对于大学生来说已经失去吸引力，对他们来说学会如何学习已经超越获取的知识本身，所以大学生道德教育与法制教育一体化课堂教学也应转变方式，"授人以鱼不如授人以渔"，将传授知识转变为传授学习方法。从这一点上来说，大学生在课堂中的参与性就变得非常重要，教师可以运用体验式教学法、项目教学法、情景教学法等多种参与式教学方法引导大学生在课堂上学会自主学习。

参与式教学以学生为中心，学生与教师站在平等的角度进行课程的学习与探究，学生与教师进行合作能够最大限度提高学生学习的主动性与教师的成就感。参与式教学以学生自主性的学习为基础，在教学过程中可以将基础课分为理想信念、中国精神、社会主义核心价值观、道德、法制等部分设计不同的项目主题，学生根据主题设置不同的学习方式，如主题演讲、社会服务、模拟法庭等。以项目教学法为例，教师将每个项目主题分配到小组，通过不同程度的引导，明确小组中每个人需要完成的任务，启发学生将社会中如"高铁霸座""摔倒的老人扶还是不扶"等与道德和法制息息相关的热点问题引入项目任务中。学生通过联系道德与法制的理论内容分析归纳出项目中所涉及的与道德和法制相关的理论知识，这不仅加强了学生对理论知识的理解，还使其对一些现实问题加深了认识，是增强道德教育与法制教育一体化实效性的有效方法。

（三）探索丰富的教学内容

著名教育家陶行知曾指出，教育要通过生活才能发出力量而成为真正的教育。大学生道德教育与法制教育一体化要与大学生的生活紧密相连，将课堂教育与学生生活进行一体化的思考，这样大学生对道德与法制的认可度就会提高，一体化教育的效果也就更好。

大学生道德教育与法制教育一体化实效性要增强，就必须从大学生所关心的人和事出发进行教育。在互联网迅速发展的时代，大学生认识世界的渠道增多，网络生活吸引其探索世界，这就要求课堂教学不仅仅要关注现实世界，还要重点关注网络上的热点。在开展道德与法制教育时，教育者要选取与大学生生活息息相关的内容，特别是要注重对于网络信息的提取，通过对这些热点信息进行分析讨论而培养他们的实际分析解决道德与法制问题的能力，帮助大学生形成正确的价值判断和思维意识，使其能够明辨是非，自觉抵制不良思想和行为的影响。课堂教学素材的选取要符合大学生的思维习惯，以大学生为主体，站在大学生的角度选择教学内容，让课堂更加生动与贴近大学生的学习和生活。

四、推动理论与实践一体化

实践教学指的是在教学过程中以学生为中心，通过多种形式的实践活动，将理论知识渗透到社会实践活动中去，以调动学生积极主动思考和学习的积极性，达到促进学生综合素质发展的目的。对于大学生来说，学校是其进入社会之前的过渡阶段，最终其还是要进入社会，成为一名社会人，所以大学生在学习理论知识的同时要进行一定的社会实践。人们只有投身和参与社会实践过程，才能接触实际，了解社会，深刻认识社会实践的发展需要，把握社会实践的本质，认识社会实践的价值，概括出反映社会实践本质需要的时代精神，提出回答和解决社会实践新课题的新的思想理论和意见、办法，形成社会实践所需要的新的思想观念，在促进社会实践发展的同时，促进自身的健康成长。大学生也只有亲身参与社会实践，才能接触和了解社会，认识到社会发展所需要的技能与思想道德素养。大学生要通过社会实践，把握道德教育与法制教育一体化的本质，认识到一体化真正价值，形成一体化实践所需要的思想观念与道德品质，通过一体化的实践促进自身的成长。高校应鼓励学生走出校园，走进社会，积极参加各种社会实践活动，将课堂内外、校内外的多种实践活动相结合，真正做到将道德与法制的学习成果内化于心，外化于行。

（一）构建一体化实践多元运作模式

对于大学生来说，实践的形式是丰富多样的，高校要加强大学生道德教育与法制教育一体化理论教学与社会实践相结合的管理体制。高校需认真组织大学生参加与道德、法制相关的社会调查、志愿服务与公益活动等实践活动，使大学生在社会实践中增长对于道德与法制一体化的认识，让大学生在实践中树立正确的价值观，增强其社会责任感。实践的形式可以有社会志愿服务、校企联合实践、政治教育实践等，通过创设一定的实践环境，使大学生通过主动的体验和理性的内省树立起合作、奉献、责任等社会公共生活的意识，增强其道德与规则意识，从而实现道德教育与法制教育的一体化。

大学阶段是一个人心智从不成熟走向成熟的重要阶段，这一阶段学生易受课堂外丰富多彩的活动的影响，激发大学生的兴趣是大学生道德教育与法制教育一体化建设实践性的有效方式。《中国教育现代化2035》中指出，要创新人才培养方式，推行启发式、探究式、参与式、合作式等教学方式。教师在进行教学时可以采用案例教学法、观看有关道德与法制的影片、进行公益活动等形式开展校内的实践。在专题式教学模式下，思想政治理论课课程教学可根据内容的不同分为主题不同的专题，这是教师组织社会实践活动的一个依据。如"我们处在中国特色社会主义新时代"部分可以组织学生参观新农村建设，让大学生了解自己在新时代所肩负的使命、所应有的素质，强调大学生要以民族复兴为己任；"明大德、受公德、严私德"部分可以组织大学生进行公益活动、志愿服务、人物专访等，强调大学生要投身崇德向善的道德实践，向道德榜样学习，培养志愿服务精神，弘扬时代新风，强化大学生社会责任意识、规则意识、奉献意识；"尊法、守法、用法"部分可以组织大学生到法庭旁听或者是组织模拟法庭等，培育大学生的法治思维方式与行为方式，将法治理念深深融入思想中，并引导大学生将学习到的法律知识自觉运用到实际生活中，提高其法治素养，使其身体力行地进行法制实践。

国内高校也可以适当借鉴国外高校社会实践的成果。哈佛商学院罗杰教授评价其教育方式："我们的教育方式与其说是学院式的，不如说是现实主义的。我们的方法是实际第一，理论第二。"美国政府在出台《国内志愿服务修正法》等法律之外还对参与教育合作的企业给予税费减免，有的州还将学生参与社会实践作为毕业的硬性规定。德国严格规定学生的实践时间，学校根据实践给予学生相应学分。日本在这一方面规定学生应参加志愿服务和劳动技能学习等实践活动，使学生形成正确的价值观。这些举措极大激发了学生参与社会实践的积极性和热情，保障了大学生道德教育与法制教育一体化建设的成果与强大生命力，值得我们根据国内高校的实际情况进行有所取舍的借鉴和学习。

（二）打造一体化立体实践育人平台

首先，建设一体化社会实践平台。大学生道德教育与法制教育一体化的实践是社会性的，不只是局限于校内。高校应注重对外的沟通交流，与地方共建社会实践基地，与博物馆、法院、社区、养老院等签订志愿服务协议，定期输送学生开展相关志愿服务，推动社会实践常态化。社会实践活动要保障学生的主体地位。教师、辅导员与学生应该共同商定实践活动的计划、内容和形式，将实践活动做到科学民主。中国传统的教育理念将能够教授知识的教育者树立为教育过程中的绝对权威。但是随着科技革命和产业革命的迅速发展，互联网、云计算、大数据等现代技术深刻改变着人们的思维方式、生活方式和学习方式，人们获得知识的途径不再局限于教师的教授，而出现大众平等的趋势。在这种环境下，实践性教学在具体实施中就要求教育者与受教育者以自由平等的角色来进行活动，进行平等开放的对话，使每个人都成为实践过程中的主角，以此充分调动大学生参与道德与法制实践的积极性。

其次，建立一体化实践网络平台。高校需要利用"互联网+"的有利环境，将大学生道德教育与法制教育一体化的实践搬上网络平台，让大学生积极主动参与一体化的实践。高校要抓住大学生熟练运用微博、微信、QQ等社交软件的特点，将这些应用程序更新快、信息量大、贴近生活的优势与一体化实践相结合，高校应及时引导大学生对当下的热点问题进行讨论，并进行适当的引导。互联网时代信息传递的速度快使大学生可以及时了解到社会上发生的变化，但信息爆炸也使一些不良信息可能会影响到大学生的道德品质与法律素质的形成，导致大学生产生激进的网络行为。对此现象高校应该完善信息反馈机制，加强舆论引导，以保证网络环境的纯净。

（三）创新一体化实践监督与激励机制

在大学生道德教育与法制教育一体化实践中，高校需要对实践组织情况、大学生参与情况、实践活动结果进行有效的评价，在评价的基础之上对大学生和教育者进行适当的激励，提升大学生一体化实践的积极性，增强一体化实践的实效性。

首先，要加强对大学生实践的保障与监督。高校应对大学生道德与法制一体化的实践活动进行制度化规范。《普通高等学校学生管理规定》中指出，学生有参加社会实践、志愿服务、勤工助学等活动的权利。高校应该根据这一规定，对大学生道德与法制一体化的实践进行日常化、制度化建设，同时要重视对实践活动的监督与考核，对实践提出更明确、更规范的要求。高校需要建立一体化实践的反馈体系，反馈的目的在于将一体化实践的效果进行监督和评价，找出实践的优点与不足，总结经验教训，然后进行实践内容方式方法上的优化完善。对一体化实践的监督应该包含对大学生实践参与情况的监督与实践对大学生影响的监督。通过分析学生的反馈与实践组织者收集到的信息，进行一体化实践的改进与提升。

其次，实践的评价监督结果为高校进行激励提供可靠的依据。实践情况的监督在整个实践过程中起着承上启下的作用。一体化实践的激励是指教育者根据大学生实践的结果，从大学生个体需求出发，采用适当的激励手段与方法，对大学生进行激励，以满足其生理、安全、社交、尊重、自我实现的需求，促进大学生更加积极主动地进行道德与法制的实践。当前对大学生社会实践的表彰往往局限于少部分表现优秀的学生，导致许多学生缺少实践的动力。因此高校需要采用等多种激励手段激发大学生参与一体化实践的积极性。很多高校采用的实践纳入综合测评、实践纳入奖学金评价体系、对先进个人进行评选表彰等多种形式的激励手段都可以进行广泛传播与借鉴。

五、增强教学考评一体化

（一）制定"知行合一"的考核目标与内容

大学生思想政治教育的考核内容与目标是与教学内容、目标紧密相连的，理论与实践同样紧密结合。所以大学生道德教育与法制教育一体化考核既要遵循一般课程考核的规律，又要注重体现一体化强调对大学生思想道德素养与法治意识的考查。一体化的考核要求大学生在掌握道德与法制知识的前提下能够熟练运用相关理论进行道德与法制的实践，理论知识的掌握程度与实践的效果是考查的重点，高校对一体化的考核要做到"教什么、考什么"，教学内容与考核内容紧密联系。通过考核，激励大学生更加勤奋学习与实践，实现理论素养与实践能力的双向提升，达到"知行合一"的学习效果。

大学生道德教育与法制教育一体化考核目标的制定对考核内容、指标、方式的建设具有指导作用，因此必须制定合理有效的考核目标。一体化的考核目标需要高校根据国家有关部门的规定，明确大学生道德教育与法制教育一体化的考核要求，根据要求组织和制定相关的教学内容与目标，据此制定一体化理论与实践考核目标。

一体化理论的考核要以检验大学生对于道德、法制内容的掌握程度为目标，根据大学生不同的理论基础、学习情况、个性特点，设置难易结合的题目，以帮助教师发现一体化理论教学中存在的问题，以便教师及时调整教学内容。一体化实践的考核要以检验大学生对于道德与法制理论知识的运用程度为目标，通过穿插在教学活动中的日常考核，教师可以检验大学生实践活动的情况，考查其思想动态、实践方式等，帮助大学生健康成长而非简单地为了分数而考试。

大学生道德教育与法制教育一体化考核内容也要与教学内容相联系。虽然当前对于思想政治理论课的考核仍以考试为主，但是考试内容要改变以往的以理论知识为重点的方式。一体化考试内容要在考查大学生对于道德与法制知识理解的基础上，通过开放性的题目进行考查。除传统的闭卷考试外，高校还应该将与大学生道德教育与法制教育相关的社会实践、志愿服务、综合素质等纳入考核内容，从而得到综合性的评价。

（二）构建基于大数据的一体化考评系统

随着时代的发展，大数据在高校思想政治理论课中的应用已经是大势所趋，慕课、微博、微信等新技术参与到思想政治理论课教学中，让思想政治课的考核方式变得更加灵活多样，摆脱了传统的单一考核方式，对学生的道德与法制一体化知识掌握程度进行全方位的考查。

首先，是基于慕课、小规模限制性在线课程的考核。慕课指的是大规模的网络开放课程，小规模限制性在线课程是在慕课基础上开设的融合传统课堂与慕课的混合教学模式。慕课学习方式灵活，具有开放、创新、自主性等特点，在微课程结束后紧跟测试，考核及时，能够随时了解大学生对于道德、法制知识内容的掌握程度。而小规模限制性在线课程基于规模小的特点，师生之间也能够更加充分地交流，教师可以对学生进行及时考核。其次，是基于微信、微博、QQ与教育类应用程序的考核。高校可以利用现有的小程序、公众号、应用程序，通过发布与大学生道德教育与法制教育相关的知识内容与题目，让学生通过学习与答题来完成考核。

大学生的学习与生活都已经离不开网络，基于此，道德教育与法制教育一体化的考核也要紧紧抓住这一变化。大数据时代大学生道德教育与法制教育一体化考核要更全面、更具个性、更加及时。对大学生道德与法制一体化学习与实践情况进行数据分析，关注大学生的思想、行为动态进行全面考核，关注大学生的个性特征从而有针对性地制定考核方案，关注大学生在学习过程中的态度、行为阶段性学习成果从而使考核更具及时性。

（三）建立多层次的考核评价体系

大学生道德教育与法制教育一体化实效性与教育主体、教育客体、教育内容、教育方法等都紧密相连，因此，建立一个全面覆盖的考核评价体系是一体化实效性考核的基础。

首先，对大学生的考查。第一，理论是实践的基础，对大学生的考查首先要把学生对理论知识的理解和掌握程度摆在首位。但是不能单一考查理论知识，应该设置与社会热点相联系的问题，通过道德与法制相关问题的分析，考查大学生对道德与法制知识的理解与运用程度。理论的考核依托传统的闭卷考试，但是要注重相关问题的延伸。第二，是对于大学生实践情况的考核。行是知之始，实践的考核是考查大学生道德修养与法治素养的外在表现与其将道德与法制理论知识转化为实际行动的能力。实践的考核是开放性的、发展的，高校要通过综合素质测评、志愿服务等形式进行，是贯穿于大学生道德教育与法制教育一体化全过程的考评。第三，是对大学生思想道德品质与价值观的考核。道德品质的完善是大学生道德教育与法制教育一体化塑造的重要成效，但是这一方面的考查是思想政治教育实效性的隐性效果，具有极强的间接性与长期性，这就需要各个教学主体在日常的学习生活中对大学生的心理状况多加关注，以获得正确的评价结果。

其次，是对教师的评价。对教师的评价应包含两个部分：一是对教师教育理念、知识水平、教学能力的考查；二是对教师政治性与人格素养的衡量。教师是影响大学生道德教育与法制教育一体化实效性的主导因素，教师是否具有与时俱进的先进教学理念、扎实的理论知识水平，是否掌握更新的教学手段都是应该进行考评的内容。

最后，是对实际教学过程相关内容的考核。对一体化建设实效性来说，重点是教育内容、方法、平台的考核。大学生道德教育与法制教育一体化建设教育内容要有针对性、现实性、创新性，紧跟社会发展趋势；教育方法要适应"互联网＋"时代的发展；教育平台的建设同样需要与互联网紧密相连，进行实践基地建设、开展校地合作。大学生道德教育与法制教育一体化评价体系涵盖多个方面，涉及要素较多，因此需要高校进一步努力，将更多的新理念引入考核体系中，从而构建更加合理的评价体系。

六、推进育人主体一体化

课堂的教学活动是教师与学生进行互动交流、共同学习的过程。学生不仅是受教育者，教师也不仅是教育者，在教学过程中师生积极协同活动，以发挥学生的主观能动性。而对大学生道德教育与法制教育一体化来说，教育不仅仅局限于课堂上，所以教学主体也不只包括教师与大学生，还包括学校管理人员、学生家长等在内的与大学生道德教育与法制教育相关的人员。这些人员既是大学生道德与法制教育的教育主体也是学习实践主体。

思想政治课程在思想政治教育中具有主渠道的功能，课程教学质量高低、作用效果强弱对大学生道德教育与法制教育一体化建设起着重要的作用。与此同时，家庭、社会与高校之间的配合程度，高校之间道德与法制教育资源的共享程度也是大学生道德教育与法制教育一体化建设不可忽视的重要问题。

（一）推进校内教育主体协同育人

习近平在全国高校思想政治工作会议上强调，做好高校思想政治工作，要因事而化、因时而进、因势而新。要遵循思想政治工作规律，遵循教书育人规律，遵循学生成长规律，不断提高工作能力和水平。这体现了高校思想政治教育工作必须按照规律办事。高校思想政治教育工作就是要将把握规律性与追求实效性相统一，这就要求思想政治课教师、专业课教师与辅导员形成合力，发挥各自的优势，在工作中渗透道德与法制的教育内容，促进二者一体化。但是在现阶段，我国高校思想政治理论课教师、辅导员、专业课教师之间合作有限，不能达到促进一体化建设的程度。要加强三方面的协同合作，就必须在思想上加强认识，建设三支队伍协同育人的平台，以增强大学生道德教育与法制教育一体化建设的实效性。

首先，习近平指出，办好思想政治理论课关键在教师，关键在发挥教师的积极性、主动性、创造性。大学生道德教育与法制教育一体化建设实效性的增强，关键在教师，是一体化建设实效性成败的关键所在。作为一体化教育的主体，高校要加强思想政治课教师队伍建设，要做到三个方面的提高。

其一，提高认识。高校需要加强思想政治课教师队伍建设。高校要建立严格的思想政治课教师选聘机制，把好教师"入口关"；在进行教师考核时，需对教师的科研水平、教学能力与实践能力进行综合性的评价，把好教师"评价关"；时代的发展要求思想政治课教师与时俱进，不断进行学习与培训，高校要通过举办学术讲座、定期人才交流、鼓励思想政治课教师进行学习深造等方式提高教师素质，把好思想政治课教师"管理关"。思想政治课教师要进行道德与法制的教学，自己首先要认识到大学生道德教育与法制教育一体化建设的必要性与重要性，对马克思主义理论与中国特色社会主义保持信仰，关注时代发展，关注大学生成长，将自身塑造成为具有一定思想高度的思想政治课教师。其二，提高能力。大学生道德教育与法制教育一体化是以大学生为中心的教育，思想政治课教师要围绕大学生的需求与疑问进行教学，要提高自身发现问题、分析问题、解决问题的能力。大学生在进行理论学习与实践过程中因自身能力限制与环境变化，会遇到多方面的问题，思想政治课教师要善于发现学生遇到的问题，引导学生用道德与法制的相关理论解决问题，提高大学生道德与法制方面的实践能力。同时，对于社会热点问题，思想政治课教师对其应该具有敏感度。大学生在关注社会热点问题时往往会受到不良社会思潮与思想的影响，对其价值观产生动摇，如"高铁霸座""老赖"等社会热点问题引起大学生广泛讨论。思想政治课教师要将与道德、法制相关的社会热点问题引入理论课教学中，运用道德与法制知识进行社会热点问题的回应，引导大学生树立正确的价值观念。其三，提高素养。大学生道德教育与法制教育一体化建设需要教师进行言传身教，教师的个人素质是影响大学生学习的重要因素。思想政治课教师作为塑造人类灵魂的工程师，高尚的道德品质与优秀的职业素养是其必备的基本素质。思想政治课教师需要做到"教什么、做什么"，在学生面前与在社会中人格素养保持一致，积极传播正能量，用自身高尚的人格感染学生，成为让学生喜爱，令社会认可的教师。

其次，辅导员与专业课教师都要增强工作、授课中的道德与法制教育意识，与思想政治课教师同向而行。高校进行道德与法制的教育，思想政治课教师的作用固然重要，辅导员与专业课教师对于能否将一体化建设落到实处也起着同样的作用，与思想政治课教师一样也有着重要的育人功能。但是在现实教学过程中，有些专业课教师思想政治教育意识较为缺乏，忙于科研与专业课教学任务，无法与思想政治课教师形成合力；部分辅导员认为自己的工作只是管理学生的日常事务，没有将道德教育与法制教育一体化建设提上自己的工作日程。因此，增强专业课教师与辅导员思想政治教育意识，推动专业课教师与辅导员自觉参与到道德与法制教育建设中来是当前的一项重要任务。专业课教师与辅导员必须把马克思主义作为指导思想，学会将思想政治教育与学生管理工作、专业课教学联系起来。要学会"借题发挥"，结合学生当下所关心的现实问题，从专业的角度为学生展开分析，帮助学生既知晓价值判断的标准，又理解判断结论得出的缘由，进而实现传道、授业、解惑三者的有机统一。发挥辅导员、专业课教师的道德与法制教育功能是我国高校一大教育优势，必须抓住这一优势，将思想政治课教师、辅导员、专业课教师协同育人的功能发挥到最大，完成对大学生进行价值引领、精神塑造的任务。

最后，要加强三方的协同育人网络平台建设。由于思想政治课教师、辅导员、专业课教师三方面的工作性质，很难进行定期面对面的商讨交流，这就需要高校建立一个线上的信息交流平台。以往的教师之间、教师与学生之间的交流大都是通过微信公众号、微博或者是QQ群，这些网络平台仅限于一些文章的推送，信息的发布，对于教师之间的交流、教师与学生之间的交流很难起到实质性的促进作用。加快思想政治课教师、辅导员、专业课教师三方协作的平台建设可以突破时间、空间的限制，加强教师之间、教师与学生之间的互动。这类网络平台不仅要涵盖思想政治课、专业课课程的学习，也要特别加强对于道德与法制的宣传教育。教师之间互相交流关于道德与法制一体化建设的问题、与专业课相融合的问题、如何解决学生的道德与法制方面的困难的问题，学生也可以将自己遇到的问题与教师进行沟通。教师从问题中了解学生的情况，运用自己的专业知识为学生解惑，加强意识形态的监督和引导，提高大学生道德与法制的学习能力。

（二）推进家、校、社会协同育人

对于大学生家庭、学校、社会的协同育人来说，大学生道德教育与法制教育一体化的建设、发展、完善是一项纷繁复杂而且需要长期努力才能完成的工作，三方一定要经过明确的分工合作，通过对此项工作的规范重视来达到最优的效果。

首先，大学生道德教育与法制教育一体化的构建需要得到家长与社会的理解、重视和支持。在家庭教育中，家长自身的素质理念与良好的家风对大学生的成长有较大影响。在中国传统观念的影响下，部分家长思想观念陈旧，认为科学知识是影响学生成长成才的关键因素，殊不知在当今社会道德与法制同样是一个人立足于社会中的基本要求。家长应该在家庭内部进行改革，形成一种新的教育观念，创造一种新的家庭形态。家长要了解更多的科学理论知识，进而树立正确的教育观念，能够掌握当今主流价值观，进行言传身教，能够对学生进行家庭中的道德与法制教育。社会风气的建设是增强大学生道德教育与法制教育一体化建设实效性必要的环境条件。国家与社会要注重良好社会风气的建设，需要进行社会主义核心价值观的弘扬，将其贯穿于社会生活中的每个环节，通过有效措施进行整合与落实。对于一些影响一体化建设实效性的不良言论与风气，相关部门需采取一定的措施进行管理，将现实与网络环境打造得风清气正。

其次，高校要建立一支高效的协同育人队伍。党在长期思想政治教育工作中的经验告诉我们，意识形态的有效掌控离不开一支素质过硬的队伍。高校辅导员是高校育人主体必不可少的部分，是高校开展道德与法制教育一体化建设、培育大学生、联系家庭与社会的队伍。在实际工作中，高校需要将辅导员与学生家长、与社会联系的程度纳入辅导员的工作考评体系中，通过给予辅导员不同程度的奖励、津贴、荣誉、晋升机会等，调动辅导员与学生家长、与社会联系的工作热情。通过这些激励手段，使辅导员能够真正投入协同育人工作中，保证道德教育与法制教育的一体化建设的开展，开启思想政治教育的崭新一面。

最后，政府有关部门要加强对于大学生道德教育与法制教育的一体化建设的政策支持。在高校层面，大学生道德教育与法制教育的一体化建设存在无章可循、无法可依的现状，这对于一体化建设来说缺少了一项重要的政策保障。因此，政府相关部门应考虑伴随相关的法律法规，制定合理的道德教育与法制教育一体化建设的方案，保证家庭、学校、社会、企业等教育主体明确自身教育的权益和义务，这样既能够监督高校进行一体化建设，又能确保各教育主体在一体化建设中发挥应有的作用。

（三）推进一体化建设校际资源共享

2019 年政府工作报告中提出，发展"互联网＋"教育，促进优质资源共享。共享的新发展理念已经成为党和国家以及全社会的普遍共识。在此背景下，高校教育资源共享也成为一体化建设的重要途径。我国高校之间由于办学历史、地理条件、经济状况等因素影响，教育水平的差距较明显，这种差距归根到底是资源的差异，而资源共享可以将不同高校之间的资源进行整合，从对方那里获得自己所需要的资源。高校在资源共享中具有双重身份，其既是资源共享的受益者也是资源共享的资源提供者。

推进大学生道德教育与法制教育一体化建设的校际资源共享。首先，高校之间要建立网络资源共享平台。目前，我国很多高校开设了公开课，即使不是本校的师生也可以通过网络进行课程的学习，这种大规模开放的在线课程称为慕课。作为"互联网＋教育"的产物，其具有良好的开放性，但是作为公开课程，更深层次教育资源的共享还有待加强。建立高校间的资源共享平台，打通共享的路径，就是要扩大资源共享的范围，建立开放性的共享平台，使在网络平台中的各个高校都能享受到资源共享带来的便利，更有利于实现合作共享。对于这个网络平台运营者来说，需要有统一的标准来对资源的上传、管理、审核进行筛选，从而实现道德、法制资源的共享。

其次，共同区域间的高校要加强实地合作。现代高校建设选址都具有集中性，几所或者更多的高校在同一区域聚集形成"大学城"，空间位置接近，有利于高校间进行进一步的交流合作。区域性高校的思想政治课教师可以聚集在一起，共同制定道德与法制一体化建设的目标、培养方式，课程体系等。思想政治课教师也可以邀请校外学者来学校做关于道德与法制方面的讲座，通过与学者的对话交流，学生在开阔眼界、增长知识的同时，还激发了对于道德与法制的学习兴趣。同时，高校要注重学生组织之间的沟通与交流，使大学生道德教育与法制教育一体化从大学生的需求出发，经过传播学习，到大学生人格的养成，以此形成一个资源循环往复的交流圈，促进资源的传播与一体化水平的提高。

参考文献

[1] 赵婷. 微时代背景下大学生法制教育研究 [M]. 北京：九州出版社，2014.

[2] 张波. 马克思主义法律思想中国化路径研究 [M]. 北京：人民出版社，2011.

[3] 邢国忠. 社会主义法治理念教育研究 [M]. 北京：中国社会科学出版社，2011.

[4] 杨亚佳. 社会主义法治理念研究 [M]. 石家庄：河北人民出版社，2011.

[5] 檀传宝. 公民教育引论 [M]. 北京：人民出版社，2011.

[6] 张秀荣，韦磊. 高校思想政治教育研究热点问题 [M]. 北京：北京师范大学出版社，2010.

[7] 徐建军. 大学生网络思想政治教育理论与方法 [M]. 北京：人民出版社，2010.

[8] 郑永廷. 思想政治教育方法论 [M]. 修订版. 北京：高等教育出版社，2010.

[9] 骆郁廷. 当代大学生思想政治教育 [M]. 北京：中国人民大学出版社，2010.

[10] 徐志远. 现代思想政治教育学范畴研究 [M]. 北京：人民出版社，2009.

[11] 侯强. 中国近代法律教育转型与社会变迁研究 [M]. 北京：中国社会科学出版社，2008.

[12] 夏江敬. 形势与政策 [M].2 版. 武汉：武汉理工大学出版社，2008.

[13] 沈壮海. 思想政治教育有效性研究 [M].2 版. 武汉：武汉大学出版社，2008.

[14] 邵献平.思想政治教育中介论 [M].北京：中国社会科学出版社，2007.

[15] 顾海良.高校思想政治教育导论 [M].武汉：武汉大学出版社，2006.

[16] 陈万柏，张耀灿.思想政治教育学原理 [M].2 版.北京：高等教育出版社，2007.

[17] 舒国滢，李宏勃.法理学阶梯 [M].北京：清华大学出版社，2006.

[18] 刘书林.《思想道德修养与法律基础》教师参考书 [M].修订版.北京：高等教育出版社，2008.

[19] 苗连营.公民法律素质研究 [M].郑州：郑州大学出版社，2005.

[20] 付子堂.马克思主义法律思想研究 [M].北京：高等教育出版社，2008.

[21] 强世功.法制与治理：国家转型中的法律 [M].北京：中国政法大学出版社，2003.

[22] 陈万柏.思想政治教育载体论 [M].武汉：湖北人民出版社，2003.

[23] 王敏.思想政治教育接受论 [M].武汉：湖北人民出版社，2002.

[24] 谷春德.法律基础 [M].2 版.北京：中国人民大学出版社，2004.

[25] 陈秉公.21 世纪思想政治教育工作创新理论体系 [M].长春：吉林教育出版社，2000.

[26] 罗国杰.伦理学 [M].修订本.北京：人民出版社，2014.

[27] 戚万学.冲突与整合：20 世纪西方道德教育理论 [M].济南：山东教育出版社，1995.

[28] 王瑞荪.比较思想政治教育学 [M].北京：高等教育出版社，2001.

[29] 王久成.高校法制培育体系建设的实践研究 [J].辽宁高职学报，2020（9）：5-9.

[30] 王秋艳.基于核心素养的大学生思想政治素养培育策略 [J].吉林工程技术师范学院学报，2020（6）：4-6.

[31] 施益华.基于网络教育浅谈大学生法制意识的培养与提高 [J].法制博览，2020（18）：205-206.

[32] 张义听，李风海."微时代"背景下大学生思想政治教育载体应用 [J].现代企业，2020（3）：100-101.

[33] 马亮文."课程思政"背景下大学生法制教育对策研究 [J].吉林教育，

2020（8）：29-30.

[34] 李玉娇. 新时期对高校大学生法制教育的探索 [J]. 才智，2020（7）：123.

[35] 殷乐，刘利，张涛. 大学生法制教育问题现状及其对策研究 [J]. 法制与社会，2020（26）：165-166.

[36] 许俊影. 新时代大学生网络意识形态安全教育探究 [J]. 湖南大众传媒职业技术学院学报，2019（1）：56-59.

[37] 张明. 大学生法制教育与思政教育融合路径研究 [J]. 法制博览，2019（33）：225-226.

[38] 陈薇."互联网+"金融风险背景下大学生法制教育研究：基于"校园贷"乱象治理的视角 [J]. 合肥师范学院学报，2019（4）：128-132.

[39] 刘继强. 微时代大学生网络道德教育研究 [D]. 成都：电子科技大学，2017.

[40] 陈洁. 我国大学生法治教育研究 [D]. 上海：复旦大学，2012.

后 记

不知不觉间，笔者对本书的撰写工作已经接近尾声，颇有不舍之情。本书是笔者在深入研究大学生法制教育现状后所撰写的，倾注了笔者的大量心血，想到本书的出版能够在微时代背景下为大学生法制教育研究提供一定的帮助，笔者颇感欣慰。同时，笔者在创作本书的过程中得到社会各界的广泛支持，在此表示深深的感谢。

在撰写本书的过程中，第一，笔者通过科学的收集方法，确定了该论题的基本概况，并设计出研究的框架，从整体上确定了论题的走向，随之展开论述。第二，对微时代背景下大学生的法制教育相关情况进行探究，从多个角度进行解读，进而明确了不断强化大学生法制教育的实践路径。第三，以法制化视角下大学生法制教育实效性为基础，深入研究在大学生法制教育中存在的问题，并提出相应的对策，为微时代背景下大学生法制教育不断发展完善提供应用思路。

笔者在撰写本书的过程中，借鉴了与法制教育有关的一些成熟的理论，以求为写作提供一个新的视角，站在新的角度，拓宽我们的眼界与思路。在微时代背景下，大学生法制教育工作即将迈向一个崭新阶段，本书的出版无疑会起到一些作用。本书虽然在内容与观点等方面可能还存在一些不足，但能起到抛砖引玉的作用，能够开阔读者的眼界和激发学者的兴趣。